贵州省哲学社会科学创新团队建设计划资助

贵州省教育厅高校人文社会科学研究项目"贵州推动乡村产业升级研究"（2023GZGXRW073）研究成果

生鲜食品冷链物流
服务质量评价指标体系研究

张 幸 著

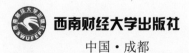

西南财经大学出版社

中国·成都

图书在版编目(CIP)数据

生鲜食品冷链物流服务质量评价指标体系研究/张幸著.—成都:西南财经
大学出版社,2024.4
ISBN 978-7-5504-5878-9

Ⅰ.①生… Ⅱ.①张… Ⅲ.①冷冻食品—物流管理—研究—中国
Ⅳ.①F252.8

中国国家版本馆 CIP 数据核字(2023)第 134865 号

生鲜食品冷链物流服务质量评价指标体系研究
SHENGXIAN SHIPIN LENGLIAN WULIU FUWU ZHILIANG PINGJIA ZHIBIAO TIXI YANJIU

张 幸 著

策划编辑:高小田
责任编辑:高小田
责任校对:王甜甜
封面设计:墨创文化
责任印制:朱曼丽

出版发行	西南财经大学出版社(四川省成都市光华村街 55 号)
网　　址	http://cbs.swufe.edu.cn
电子邮件	bookcj@swufe.edu.cn
邮政编码	610074
电　　话	028-87353785
照　　排	四川胜翔数码印务设计有限公司
印　　刷	四川五洲彩印有限责任公司
成品尺寸	170mm×240mm
印　　张	10.5
字　　数	175 千字
版　　次	2024 年 4 月第 1 版
印　　次	2024 年 4 月第 1 次印刷
书　　号	ISBN 978-7-5504-5878-9
定　　价	66.00 元

前言

过去十年在冷链物流领域的学习、工作、科研和教学经历，促使我撰写《生鲜食品冷链物流服务质量评价指标体系研究》这本书。

生鲜食品具有保质期短、易受损、易腐烂的特点，其对流通环节的要求较一般食品更为严格。冷链物流是在传统物流发展的基础上，在消费者对食品安全意识的提高，冷链技术的发展的背景下产生的。现阶段，我国冷链物流业仍处于发展期，企业的管理水平也参差不齐，冷链物流各个环节缺乏协调与配合，整体服务水平较低，平均成本较高，生鲜食品在流通过程中的损耗率较高。生鲜食品供应链中时常暴露出冷链物流服务的质量问题。同时，冷链物流企业内部缺少科学的服务质量评价标准来对其自身的冷链物流服务质量水平进行合理的评价。

本书旨在构建生鲜食品冷链物流服务质量评价指标体系。首先，基于文献分析和探讨，选取生鲜食品冷链物流服务质量评价指标，形成指标池，同时运用焦点团体访谈法，广纳专家意见，确定评价指标；其次，运用解释结构模型法，进行指标间的关联性分析，确定评价指标体系的结构模型；再次，运用网络分析法，计算评价指标的权重，进而获得其重要性关系；最后，再次借用焦点团体访谈法，组织专家围绕各阶段研究结果展开讨论，为所构建的生鲜食品冷链物流服务质量评价指标体系进行总结。本书研究结论：第一，本书所构建的生鲜食品冷链物流服务质量评价指标体系由 3 个评价维度和 15 项评价指标组成。第二，"顾客感知的服务质量"是评价指标体系中最重要的评价维度，其中

"货品准确率"与"服务时效性"是最重要的评价指标。第三，"冷链过程质量"维度是生鲜食品冷链物流服务质量保障的基础，"操作规范性""设施设备因素""数字化水平"和"产品信息质量"指标是影响服务质量的根本因素。本书最后对冷链物流企业的生鲜食品冷链物流服务质量管理工作提出建议。建议的提出一方面，有利于企业在生鲜食品冷链物流服务质量管理中明确管理目标；另一方面，有助于企业检测物流服务过程中的不足，找到改进的方向及重点，为冷链物流企业制定符合自身发展需要的质量管理模式提供意见。

感谢澳门城市大学陈为年教授对本书研究的指导。其从选题、方法、实施到写作等各阶段的悉心指导，帮助我顺利完成本书。得遇良师，何其有幸。

感谢我的家人的支持，我的每一点进步都与你们的付出息息相关。

一路挑战、一路挫折，让我认识到唯有"反求诸己"才是人生解题之道。

谨以此书献给我的家人、师长、朋友和学生。

张幸

2023 年 12 月

目录

1 绪论 / 1

1.1 研究背景与动机 / 1

1.2 研究意义 / 6

1.3 研究目标 / 7

1.4 研究框架 / 7

1.5 名词解释与研究范围 / 9

1.5.1 生鲜食品 / 9

1.5.2 冷链物流 / 10

2 文献探讨 / 14

2.1 食品安全与生鲜食品质量的相关研究 / 14

2.1.1 食品安全 / 14

2.1.2 生鲜食品质量 / 15

2.1.3 生鲜食品安全质量管理面临的主要问题 / 19

2.1.4 小结 / 21

2.2 服务科学与服务质量的理论基础 / 21

2.2.1 服务的内涵与特征 / 21

2.2.2 服务科学的研究与发展 / 22

2.2.3 服务管理的研究与发展 / 23

2.2.4 服务质量的维度与测量 / 24

2.2.5 小结 / 27

2.3 物流服务质量评价的相关研究 / 27

2.3.1 评价模型及其指标 / 28

2.3.2 物流服务质量评价方法 / 31

2.3.3 小结 / 32

2.4 冷链物流服务质量相关理论与研究 / 33

2.4.1 评价指标和实证评价研究 / 33

2.4.2 HACCP 管理体系的应用 / 34

2.4.3 小结 / 38

3 研究设计与实施 / 39

3.1 焦点团体访谈法的设计与实施 / 39

3.1.1 研究方法介绍 / 39

3.1.2 访谈大纲 / 40

3.1.3 专家组成 / 41

3.1.4 实施过程 / 43

3.2 解释结构模型法的设计与实施 / 43

3.2.1 研究方法 / 44

3.2.2 研究工具 / 44

3.2.3 专家组成 / 44

3.2.4 实施步骤 / 45

3.3 网络分析法的设计与实施 / 47

3.3.1 方法介绍 / 47

3.3.2 研究工具 / 48

3.3.3 专家组成 / 48

3.3.4 实施步骤 / 48

4 研究结果分析与讨论 / 52

4.1 评价指标的选择与确定 / 52

4.1.1 评价维度的选择 / 52

4.1.2 评价指标的选择 / 53

4.1.3 评价指标的确定 / 57

4.1.4 综合结果 / 62

4.1.5 研究结果的讨论 / 64

4.2 解释结构模型法的结果分析与讨论 / 67

4.2.1 研究结果的分析 / 67

4.2.2 研究结果的讨论 / 74

4.3 网络分析法的结果分析与讨论 / 77

4.3.1 研究结果的分析 / 77

4.3.2 研究结果的讨论 / 92

5 结论与建议 / 101

5.1 结论 / 101

5.2 建议 / 105

5.2.1 从多维度、多视角构建生鲜食品冷链物流服务质量评价
指标体系 / 105

5.2.2 以"7+1Rs"作为生鲜食品冷链物流服务质量管理的
目标 / 105

5.2.3 优化冷链物流标准化操作流程（SOP）以提升冷链过程
质量 / 106

5.2.4 加强物流数字化的建设以提高冷链物流管理水平 / 106

5.3 未来研究方向 / 107

参考文献 / 109

附录 / 124

附录 A / 124

附录 B / 127

附录 C / 148

1 绪论

本章旨在阐述本书的研究背景，彰显研究价值，透过研究动机说明研究意义与目的。本书从生鲜食品市场消费趋势谈起，接着说明生鲜食品在流通过程中出现的"痛点"与"断裂"，讨论问题出现的缘由，从而解释研究动机，并阐述本书研究的意义与创新之处，说明研究目的与研究框架，最后为使本书研究范围明确，本书对重要名词的含义以及研究适用范围进行了解释，以便理清楚本书的研究方向。

1.1 研究背景与动机

民以食为天，食以安为先，安以质为本。自古以来，食物是百姓赖以生存的最重要的保障。2022 年我国全国居民人均消费支出达到 24 538 元，创下历史新高①。伴随着国民经济的稳定增长，百姓生活水平显著提高，百姓的饮食习惯从"能吃饱"向"想吃好"转变，消费者更加关注对安全、健康和营养等问题，消费结构不断升级，高品质、高营养、新鲜、安全的优质水果等产品成为消费者购买时最重要的参考标准（王可山，2020；齐文娥 等，2018）。从生鲜食品市场供需两侧的数据来看，首先在供给端，根据中国物流与采购联合会（2021）对水果、蔬菜、肉类、水产品、乳制品和速冻食品这六大类生鲜食品的年产量的统计②，尽管受到新冠病毒感染疫情的影响，六大类生鲜食品年产总量仍保持逆势上涨，如图1-1 所示。六大类生鲜食品中，蔬菜、水果和肉类三项的产量占比高达

---

① 资料来源于国家统计局(https://data.stats.gov.cn)。
② 资料来源于中国物流与采购联合会（http://www.chinawuliu.com.cn）。

90%以上。另外，从食品进口的数据上看，根据海关总署（2022）的统计①，2022年我国果蔬进口额首次突破千万元，达到14 945 629元，同比增长12%；肉类产品累计进口额20 636 620元，同比增长1.7%；水产品进口额12 807 181元，同比增长40.1%。再看需求端，2021年中国生鲜销售规模达5.21万亿元，同比增长1.36%，预计在2022年规模能达到5.3万亿元，如图1-2所示。从以上两端的数据表现来看，生鲜食品在我国消费市场中的增长态势仍然强劲，市场空间和规模正在继续扩大。

图1-1　2017—2021年我国生鲜食品产量统计

[资料来源：中国物流与采购联合会（2021）。]

图1-2　2017—2022年我国生鲜食品销售额统计

[资料来源：中国物流与采购联合会（2022）。]

---

①　资料来源于中华人民共和国海关总署（http://www.customs.gov.cn）。

生鲜食品有保质期短、易受损、易腐烂的特点，其对流通环节的要求较一般产品更为严格（Siddh et al.，2017；张方，2016）。冷链物流是在传统物流发展的基础上，在消费者对食品安全意识的提高，冷链技术的发展的背景下而产生的（Man et al.，2017）。冷链物流特指易腐产品从供给端到需求端的流动过程，涉及一系列物流功能的有机结合，包括冷链仓储、冷链运输、包装、流通加工、装卸搬运、配送等，并保证产品始终处于一定的温度控制环境中，保证产品品质和质量安全，减少产品损耗，进而满足客户的要求（袁学国 等，2015）。随着我国经济实力和居民消费能力的提高，冷链物流业也顺应趋势，发展迅速，各级政府和产业资本对此行业高度关注。但是，需要注意的是，我国冷链物流业的发展存在着一些制约因素，生鲜食品流通过程中存在的隐患也随之暴露（袁学国 等，2015）。

现阶段，我国生鲜食品的主要流通方式是以城镇农贸市场为主导的传统模式，上游供应商分散，中间流通环节繁多，供应链节点复杂等多重因素叠加降低了生鲜商品的流通效率，提高了流通环节的损耗率（岳嘉嘉，2020）。中国物流与采购联合会统计数据显示[①]，2022 年中国水产品、肉类、果蔬的冷链流通率分别为 41%、34%、22%，与欧美发达国家超过 90% 的平均水平相比，存在较大差距，如图 1-3 所示。2022 年我国果蔬、肉类、水产品在流通过程中的损耗率高达 15%、8%、10%，而发达国家的这一比例仅为 5%，如图 1-4 所示。可见，生鲜食品在流通过程中的高损耗率，是我国生鲜流通的"最大痛点"。

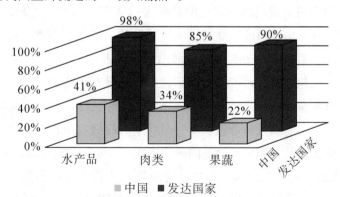

图 1-3　2022 年中国与发达国家生鲜食品冷藏流通率对比

[资料来源：中国物流与采购联合会（2022）。]

---

① 资料来源于中国物流与采购联合会（http://www.chinawuliu.com.cn）。

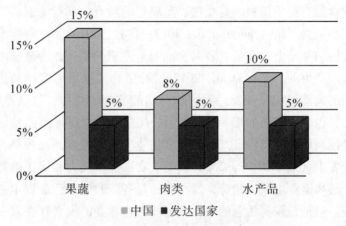

图1-4 2022年中国与发达国家生鲜食品腐损率对比

[资料来源：中国物流与采购联合会（2022）。]

冷链的"低流通率"可以解释生鲜食品中的"高损耗率"现象的一部分原因，但是，需要注意的是，伴随出现的生鲜食品流通过程的不规范与监管的不到位问题，进一步导致了食品安全问题的出现（唐衍军 等，2021）。2021年9月，有媒体报道，河北某中学发生食物中毒事件，数名学生喝了统一采购的牛奶，出现腹泻症状。上海某学校就因给孩子提供变质和过期食品而遭国家市场监督管理总局、教育部处罚。新冠病毒感染疫情期间，媒体播出的《疫情下的冷链》，对我国疫情期间进口冷链产品及其外包装中检测出新冠病毒阳性的事件进行了深入的报道，2020年8月，广东某市发现1份进口的冻品新冠病毒核酸检测结果呈阳性。同日，陕西省某市1份进口冻虾的外包装被检测出新冠病毒。截至2021年12月，已有多起食品外包装新冠病毒检测呈阳性事件，且都与进口冷链生鲜商品密切相关（闫浩楠 等，2020）。一时，"冷链物流"与"食品安全"的讨论出现在风口浪尖。新冠病毒感染疫情时代下，冷链物流如何保障生鲜食品质量与安全成为政界到学界讨论的热门主题（刘起林 等，2021）。

"断裂的冷链"是我国生鲜食品冷链物流中存在核心问题，也是生鲜食品质量与安全无法得到全方面保障的关键原因（刘浩，2016；李文斌，2021）。学者（张喜才，2019）指出我国冷链物流业目前正处于成长期，生鲜食品在冷链物流中出现"断链"现象是一种常态。其中原因有很多方面（袁学国 等，2015），例如，供应商忽略对产品在生产基地的预冷，导致产品在流通前已经发生内部变质；又如，生鲜食品流通过程中，工作人员在操作流程中，没有按要求遵守冷链物流行业准则，或者一些物流企业为了节约能耗，控制成本，运输作业中并未按约定温度制冷，导致生鲜食品在某个运作阶段或环节暴露在高温中或者常温中（张方，2016）。此外，冷链设施不配套也造成了无法实现全程冷链。我国目前在用冷库数量不足，分布比例失衡，使得冷链在仓储环节容易"断链"（张喜才，2019）。目前，我国冷链物流业缺少一套相对完整且相对标准化的冷链物流架构，由于冷链物流设备的不完善，设施结构的不科学，"断链"现象必然会出现（张喜才，2019）。

国家相关部门注意到冷链市场需求日益增加，同时也关注到流通环节出现的各种问题，为此出台了一系列的政策法规，自 2019 年以来，国家各部委出台的冷链相关政策超过 40 个[①]，基本涵盖冷链物流设施设备、农产品流通等相关内容。冷链设施设备相关政策主要涉及冷库和冷藏车。对于冷库发展政策，国家支持新建和升级冷库，重视节能环保，推广使用绿色制冷材料。对于冷藏车改革政策，国家普及冷藏车的上路，推广冷藏车绿色可持续发展，鼓励推动新能源汽车的使用。农产品流通冷链相关政策主要围绕发展第三方冷链物流专业化能力、加强农产品冷链设施建设、配备设施标准化、发展绿色节能的冷链物流等方面进行阐述（汪超 等，2020）。以上分析可知，政府试图从多部门多角度指导推动冷链物流行业发展，但在各企业具体执行过程中，仍然存在落实不到位、推进速度慢，以及地方协调难等问题（于露，2019）。

在国家政策的鼓励和指导下，基于冷链市场需求的高增长率，冷链物流成为众多企业竞争的焦点和决胜的关键（李文斌，2021）。越来越多的传统物流企业开始转向对冷链物流的投资，努力提升冷链服务能力。专业的第三方冷链物流产业也孕育而生，并且发展态势迅猛（张其春 等，2019）。为提高自身核心竞争力，食品生产商选择将自身冷藏物流业务外包给第三方冷链物流企业。对于目前运营实力不足、规模较小的企业，由于其人员和资金的有限，专业的第三方冷链物流企业可提供快速的、全过

---

① 资料来源于中国物流与采购联合会（http://www.chinawuliu.com.cn/zcfg）。

程的冷链物流服务和解决方案（袁学国 等，2015）。

目前，我国冷链物流业仍处于发展期，企业的管理水平也参差不齐，生鲜食品供应链中时常暴露出冷链物流服务的质量问题（邱斌，2017）。冷链物流各个环节缺乏协调与配合，整体服务水平较低，平均成本较高。同时，冷链物流企业内部缺少科学的服务质量评价标准来对其自身的冷链物流服务质量水平进行合理的评价，另外，学术界有关生鲜食品冷链物流服务质量评价的研究也尚未成熟。

1.2　研究意义

近年来，有不少学者在冷链物流管理领域做了相关研究，但研究较多集中于冷链物流运营端，缺少对冷链商品市场的细分，针对生鲜食品冷链物流服务质量相关研究的文献也相对较少。因此，本书将运用科学合理的方法，研究生鲜食品质量特性，解析生鲜食品冷链物流运作的影响因素，发现制约冷链物流服务质量的瓶颈，探寻提升冷链物流服务质量的途径与策略。具体来说，本书的研究意义与创新如下：

（1）本书在评价指标选取的视角上进行创新，为生鲜食品冷链物流服务质量研究提供多视角的评价维度及指标要素。

（2）本书在评价方法的运用中进行创新，充分考虑各指标因素间的相互影响，将网络分析法应用于评价方法中，从而确定指标权重，进一步深化和丰富冷链物流质量评价的研究成果。

（3）本书为冷链物流企业准确定位其冷链物流服务质量提供参考，为其冷链物流服务质量管理与控制提供必要的依据。同时有助于企业查找物流服务过程中的问题，明确改进的重点，为企业设计符合自身发展需要的质量管理模式贡献理论支持。

（4）中国冷链物流业中普遍存在着物流服务质量监管体系缺陷问题，本书可以为行业协会及监管部门判定当前生鲜食品冷链物流服务质量水平提供借鉴，为保障生鲜食品在流通过程中的安全、质量以及为降低生鲜食品在流通过程中的损耗率做出贡献。

1.3 研究目标

冷链物流系统是生鲜食品市场流通的基础，物流的服务质量关系着生鲜食品的安全与质量能否得到保证，也影响顾客对服务满意度的评价。因此，本书将通过研究生鲜食品的质量特性，基于现阶段冷链物流服务质量的研究基础，运用定量与定性相结合的研究方法，从多维度、多视角，构建生鲜食品冷链物流服务质量评价指标体系。本书的研究目的具体如下：

（1）探讨生鲜食品冷链物流的发展现状与存在问题。

（2）确定生鲜食品冷链物流服务质量评价指标体系的维度与评价指标。

（3）分析生鲜食品冷链物流服务质量评价指标间的关联性与结构模型。

（4）计算生鲜食品冷链物流服务质量评价指标体系中指标的权重。

（5）构建生鲜食品冷链物流服务质量评价指标体系。

1.4 研究框架

本节依据研究目的以及相关文献研究基础，制定研究架构，如图1-5所示。本书将运用定量与定性相结合的研究方法，构建生鲜食品冷链物流服务质量评价指标体系。

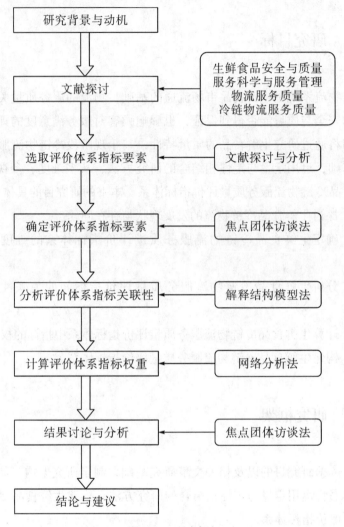

图 1-5　研究框架

(资料来源：本书绘制。)

第一阶段，以"生鲜食品冷链物流服务质量"这一研究主题展开的文献分析和探讨为理论基础，选取服务质量评价的指标维度和评价指标，形成初始评价指标池。运用焦点团体访谈法广纳专家的看法，从评价指标池中确定生鲜食品冷链物流服务质量评价各级指标项目及指标说明。

第二阶段，运用解释结构模型法，综合专家意见，进行评价指标间的关联性分析，确定生鲜食品冷链物流服务质量评价指标体系的结构模型。

第三阶段，运用网络程序分析法，综合专家组意见，分析生鲜食品冷链物流服务质量评价各项指标的权重，进而获得其重要性关系。

第四阶段，再次运用焦点团体访谈法，组织专家小组，围绕构建的生鲜食品冷链物流服务质量评价指标体系的研究工作中各阶段结果展开讨论，为本书所构建的生鲜食品冷链物流服务质量评价指标体系进行系统性的总结。

1.5 名词解释与研究范围

本节基于研究主题，为增进读者对本书的了解，以下就"生鲜食品"与"冷链物流"等名词及适用范围加以说明和解释。

1.5.1 生鲜食品

生鲜食品是指在一定温度控制条件下生产、加工上市的各类营养保值、卫生洁净、又未经烹调处理的生制食品。生鲜食品包括经过切割、分类、清洗、包装等初级加工的新鲜食品，也包括刚刚采摘、捕捞、屠宰等还没有经过初级加工的毛食品等（Adekomaya et al., 2016; Siddh et al., 2017）。常见的生鲜食品包括：水果、蔬菜、肉类、水产品、乳制品和速冻食品这六大类（Man et al., 2017; 王梓萌 等, 2020; 郑铮铮 等, 2017）。不同于其他食品，生鲜食品因为含水量较高，其内部的微生物能在短时间内繁殖，这会加快生鲜食品在流通过程中腐败变质，因此，需要较高的冷链物流技术来保证生鲜食品的新鲜程度（杨黎朝, 2020）。本书将生鲜食品特征归纳为以下三方面：

1.5.1.1 易变质、保质期短

生鲜食品中含有丰富的水分，相较于其他食品，其内部含有较多活跃的微生物，因此，易变质是生鲜食品的缺点之一（杨黎朝, 2020）。

另外，生鲜食品对时间变化相对敏感，其中所含水分会随着时间的延长而流失，导致其新鲜度降低，这使得生鲜食品的保质期很短（唐衍军 等, 2021）。

1.5.1.2 物流配送时效性高

生鲜食品在物流配送中，对时间的要求非常高，因此时效性是影响生

鲜食品物流服务质量的重要因素（杨黎朝，2020）。高时效性要求物流配送人员需要用更多的精力去思考如何优化物流配送路线，保证食品能够及时准确地送达顾客（Srivastava et al., 2015）。

1.5.1.3 对温度变化敏感

生鲜食品对环境温度的变化敏感，因为当外部环境引起食品温度变化时，生鲜食品中酶的活性会升高，微生物会加快繁殖，食品的腐烂速度会加快。因此在生鲜食品流通中，要保持食品始终处于一定的温度控制环境中，尽可能地减少变质与损耗（杨黎朝，2020）。

基于以上分析，从生鲜食品的特征和共性归纳，本书所指的生鲜食品适用于：鲜水果、鲜蔬菜、肉类、水产品、乳制品和速冻食品六大类常见食品。具体举例与温度要求如表1-1所示。

表1-1　本书适用的生鲜食品分类及举例

生鲜食品分类	食品举例	储存温度要求
鲜水果	仁果类：苹果、梨、山楂	0℃~4℃
	浆果类：草莓、葡萄、桑葚	0℃~3℃
	瓜类：西瓜、哈密瓜、甜瓜	7℃~10℃
鲜蔬菜	叶菜类：油菜、芹菜、菠菜	0℃~2℃
	根茎类：胡萝卜、土豆、洋姜	0℃~5℃
	瓜菜类：黄瓜、苦瓜、南瓜	9℃~13℃
肉类	冷鲜肉：猪肉、牛肉、禽肉	4℃
	冷冻肉：猪肉、牛肉、禽肉	−18℃
水产品	冷藏水产品	4℃
	冷冻水产品	−18℃
乳制品	鲜奶、酸奶、蛋类	2℃~6℃
速冻食品	速冻蒸、煮食品	−18℃

（资料来源：Bortolini et al., 2016；王梓萌 等，2020。）

1.5.2　冷链物流

冷链物流（cold chain logistics）特指易腐产品从供给端到需求端的流动过程，涉及一系列物流功能的有机结合，包括冷链存储、冷链运输、包装、流通加工、装卸搬运、配送等，并保证产品始终处于一定的温度控制环境中，最大限度地保证产品安全与品质，尽可能地降低产品损耗，进而满足客户的要求（袁学国 等，2015）。

冷链物流的针对的产品主要分为三种：第一种是农产品，包括蔬菜、水果、肉类、水产品、蛋类、鲜花等；第二种是加工食品，包括奶制品、速冻食品、冷藏饮料或者酒类等；第三种是特殊商品，包括疫苗等（陈红丽 等，2013；张其春 等，2019；郑铮铮 等，2017），如表1-2所示。

表1-2　冷链货物分类

初级农产品	加工食品	特殊商品
水果、蔬菜	速冻食品	药品
肉、禽、蛋	食、肉、水产品等包装熟食	生物制品
水产品	冰激凌和奶制品	血液
花卉产品	快餐饮料	化工用品

（资料来源：张其春 等，2019；郑铮铮 等，2017。）

冷链物流有别于传统物流，主要特点有以下四个方面：

1.5.2.1　系统复杂性

冷链物流系统复杂，管理技术要求较高。冷链物流的服务对象主要为易腐生鲜食品，冷链物流的最终质量结果不仅取决于流通时间和交付准确度，而且需要考虑全过程的温度控制和产品本身的品质保障。因此，冷链物流系统对设施建设与设备条件，物流企业的运营流程设计能力与现场管理能力、温度控制技术等因素都提出了更高的标准和要求（汪旭辉 等，2016）。

1.5.2.2　高协调性

冷链物流要求组织具有较高的协调性。为了保障冷链物流对象的品质，减少冷链过程中的损耗，需要冷链物流中的各个环节、各个功能有效协调一致（Trebar，2015）。在生鲜食品流通过程中，部分环节衔接不当，导致其中一个环节出现问题，会增大物流对象品质损坏的可能性（Bortolini et al.，2016）。

1.5.2.3　高成本性

冷链物流的建设成本高。冷链食品在冷链物流中，需要特定的冷冻或者冷藏设备来储存运输，物流网络中需要一定数量的冷库与配送中心，因此，整体上看，冷链物流的运营成本要比一般传统的物流高。另外，在冷链物流中产生的能耗、包装等问题，也是造成冷链成本较高的原因

（刘浩，2016）。

1.5.2.4 高时效性

冷链食品普遍具有易变质的特点，即使在冷藏运输或者冷冻仓储过程中，也会有操作原因或者时间过长等因素导致食品新鲜度下降，同时较长的运输时间也会带来相应的成本增加（冯贺平 等，2016）。另外，由于市场竞争的加剧，需求端的顾客对于物流反应时间提出了更高的要求，因此，在冷链物流中对生鲜食品的配送时间的控制是相当重要的，这也反映了冷链物流的时效性特点（Chen et al.，2015）。

从上游供应商到终端消费者，这一完整的冷链物流供应链中，物流运作环节主要由如下模块组成：冷冻加工、低温储存、冷藏运输与配送、冷藏销售，如图1-6所示。

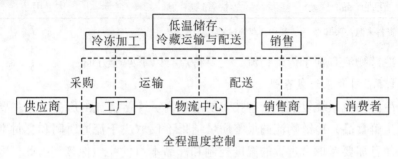

图1-6 生鲜食品冷链物流一般流程

（资料来源：Shashi et al.，2018；周海霞，2016。）

（1）冷冻加工。冷冻加工是产品从产出进入供应过程中的首个环节，主要涉及生鲜食品在指定低温下的预冷、冷却、加工作业。这个步骤中主要使用的设备是冷却和速冻等机械装置（Chen et al.，2015）。

（2）低温储存。低温存储是指为维持生鲜食品的质量与鲜度，利用冷藏或者冷冻仓库对食品进行存储保管，这个环节主要涉及的设施是冷库，设备是冷却装置（陈镜羽 等，2015）。

（3）冷藏配送与运输。冷藏配送与运输是指生鲜食品从出库至客户的整个过程。在此环节中，温度的波动将对食品品质产生影响，如处理不当，产品经常会出现二次解冻等现象（Shashi et al.，2018）。而对于生鲜产品来说，解冻次数是有限的，每解冻一次在其表面都会出现漏水、结霜现象，若再次进行冷冻，这对食品质量损害是极大的。因此在达到低温标准时，还应保持温度在这一区间的稳定性。配送与运输环节涉及的设备有温控设备、冷藏车和装卸设备等（冯贺平 等，2016）。

（4）冷藏销售。冷藏销售是指利用冷藏陈列柜、冰柜等特殊冷链设备进行生鲜食品的销售，既是生鲜食品供应链中的最后环节，也是保证食品质量的最后监控点（齐文娥 等，2018）。现在生鲜食品销售的主要渠道为各大型连锁超市及社区门店。而在生鲜食品的销售终端，对于其温度控制更是不可掉以轻心，否则之前所有环节的努力都将前功尽弃。

基于以上分析，从冷链物流的特点与构成归纳，本书所指的冷链物流服务适用于生鲜食品冷链物流服务商所围绕物流配送中心开展的包括低温储存、冷藏运输、冷藏配送等一系列物流服务，能体现一般性和普遍性的特点。

2 文献探讨

本章将围绕生鲜食品冷链物流服务质量这一研究主题展开相关理论和研究现状的探讨，在此基础上提出对现有研究的看法与见解，进而为构建评价指标体系中评价维度的选择，评价指标的筛选，研究方法的设计，与研究结果的讨论等研究内容建立基础与逻辑脉络。全章共分为四节：第一节探讨食品安全与生鲜食品质量的相关研究；第二节梳理服务科学与服务质量的理论基础；第三节讨论物流服务质量评价的相关研究；第四节分析冷链物流服务质量相关理论与研究。以下分别就这些内容展开讨论。

2.1 食品安全与生鲜食品质量的相关研究

食品安全与每一个人的健康紧密相关，食品的流通作为食品安全体系的重要一环，对食品安全有着重要的影响（Shapsugova，2021；Silva et al.，2019）。近年来，食品行业，特别是以果蔬和肉类为代表的生鲜食品频繁出现的质量安全问题，与食品物流的服务质量与管理水平有着直接的联系。本节将对食品安全和生鲜食品质量相关研究开展讨论，同时对生鲜食品安全质量管理面临的主要问题研究进行综述。

2.1.1 食品安全

食品安全问题是全球性的严重问题，世界各国均存在着不同程度的食品安全问题（袁斐，2021）。世界卫生组织[①]将食品安全解释为：对食品根据其原本用途进行生产加工并且食用时不会使顾客生命健康受到损害的一

---

① 资料来源：世界卫生组织，https://www.who.int。

种担保。我国食品安全法（2015）将食品安全解释为：食品无毒无害，符合原本具有的或者承诺消费者的营养要求，并且对人们身体健康不造成任何危害。目前社会科学领域关于食品安全的相关研究比较广泛，为探究影响生鲜食品安全的主要原因，本部分主要围绕影响食品安全的外部因素、过程管理因素，讨论关于食品安全的有关研究内容和研究成果。

在外部因素方面，研究者（刘巍，2019）探讨影响食品安全的技术和污染因素。首先是生物性污染，以病毒或者细菌为主要污染源。生物性污染通过对原料食品污染或者在流通过程中的污染，带来安全危害。其次是农药等化工品的滥用，对农作物生长源头的污染。最后是环境污染，涉及水体、土壤或者空气污染等，以水生或者陆生动植物为中介，经食物链转移转化而最终危害人类健康。

在过程管理因素方面，食品供应链的各个环节都与食品安全有密切联系，因此有学者在研究食品安全问题时会深入食品供应链的各个环节具体研究食品安全问题（刘巍，2019）。学者（Shashi et al.，2018）从过程管理的角度对水果物流、蔬菜物流和肉类物流的案例分析着手，指出生鲜食品从种植到生产再到销售等任何一个环节都有可能存在食品安全的风险。学者（王晶 等，2018）指出食品安全问题一方面存在于生产企业在食品生产、加工过程中，运用的新工艺手段或者新技术等会给食品带来不确定性风险；另一方面是在食品生产过程中，无良企业恶意采取如违规使用添加物质等手段而导致的食品安全问题（刘巍，2019）。学者（唐衍军 等，2021）也指出，我国食品安全问题的不断发生反映出我国食品安全监管能力较差、监管法律体系尚不完善、监管制度有待优化。

综上研究，目前关于食品安全问题的研究，均从不同角度提出了对于食品安全发生的原因和隐患，可见，食品安全出现的原因不是一个单一环节或者局部过程可以概括，也不是仅靠制度层面的书文规定就可以完全规避，应该考虑用从根源着手，全过程视角，运用系统化管理思维进行综合研究和分析。

2.1.2 生鲜食品质量

根据国际标准化组织 ISO8402 的解释，质量是指反映实体满足明确或隐含所需能力的特性集合。消费者对食品质量的需求及期望往往因人而异，影响品质的因素不仅是食物本身原有的特性，而且包含最终产品的状态如何。食品质量通常不仅指食品产品的物理特质，而且包含最终消费者对产品的感知，消费者对产品的感知既包括微生物方面，也与质地及味道相关（Siche et al.，2016），如表 2-1 所示。另外，在产品的质量判断方面，不同的人有不同的见解，这些判断和决策将影响最终产品的品质是否受消费者的青睐，我们只能尽量在物流过程中维持产品的最佳状态，降低最终产品因为品质劣化而不被消费者接受的风险。如表 2-2 所示，批发商和零售商对于食品品质主要强调可见的特性并且考虑到消费者的喜好，例如大小、形状、颜色和保鲜期；然而，消费者评估产品品质的可能条件包含味道、新鲜度、外观、营养价值与安全性；而生产业者及加工业者通常优先考虑与利润相关的特性，如帮助提高产量、适合机械收获及工业制备、较能抵御天灾与疾病（Vorst et al.，2011）。

表 2-1   产品品质属性分类表

外部	内部	隐藏
外表（可见的）	气味	健康
触感	口感	营养价值
缺陷	质地	安全

（资料来源：Siche et al.，2016；Trivedi et al.，2019。）

表 2-2   品质判断参考标准

批发商与零售商	顾客	生产商与加工商
尺寸	口感	高效率
形状	新鲜度	可持续生产
保质期	营养价值	预防瘟疫与疾病
	安全性	

（资料来源：朱磊 等，2011。）

生鲜食品含有丰富的水分和营养物质，和其他产品相比，易腐变质是生鲜食品的一大特点（Rong et al.，2011）。关于生鲜食品质量的研究，目前国内外学者围绕影响生鲜食品腐败变质的原因和生鲜食品质量的监测指标两大方面的研究和探讨居多。为探究影响生鲜食品质量的主要原因，本部分针对影响生鲜食品腐败变质的原因和生鲜食品质量的监测指标两个方面的主题讨论食品质量领域有关方面的研究内容和研究成果。

2.1.2.1 生鲜食品变质原因的讨论

生鲜食品变质是指生鲜食品受到食品内部或者外部环境因素的影响，而产生了相对于原有物理或者化学属性的变化，进而其营养价值下降，食品品质受到损失的过程，例如蔬菜水果的变质、冷鲜肉的变质等（陈务远等，2019）。造成生鲜食品变质因素包括生物因素、化学因素、物理因素等。最常见的因素是由生物因素中的微生物污染所引起的食品腐败（王晶等，2018）。

温湿度被认为是影响生鲜食品鲜度和保存时间的重要的外部因素。生鲜食品对环境温湿度的变化反应敏感，因为当外部环境引起食品温湿度变化时，生鲜食品中酶的活性会升高，微生物会加快繁殖，食品的腐烂速度会被加快（胡位歆等，2014）。冷链储存与运输可以有效地延长生鲜食品的保质期（余云龙等，2021；耿秀丽等，2020）。

气体也是影响生鲜食品变质速度的因素之一。气体成分在质量损耗反应中有重要的作用，二氧化碳含量与含氧量是判断氧化反应的主要指标，两者会影响微生物和植物的呼吸率。生鲜食品在冷链物流过程中，因为接触的外部环境所含气体成分情况有差异，生长在食品上的微生物类群和引起食品变质的过程也不一样（胡位歆等，2014）。对于一般果蔬来说，适宜的二氧化碳浓度为 1%~5%，浓度过高，达 10% 时，反而会刺激其呼吸作用，严重时引起代谢失调，即二氧化碳中毒。二氧化碳中毒的危害甚至比无氧呼吸造成的伤害更严重。一定浓度的二氧化碳能降低导致成熟的合成反应，从而有利于延长果蔬的储运寿命（李文斌，2021；谢如鹤等，2012；陈彧，2012）。

振动对易腐货物尤其是果蔬有一定的影响。振动的物理特征是用振幅与频率来描述的，振动强度以振动所产生的加速度大小来分级。

振动对生鲜果蔬组织引起的伤害主要分为机械损伤和导致生理失常两种。机械损伤会刺激呼吸作用加强。任何的机械损伤，即使是轻微的挤伤或压伤，都会刺激呼吸作用加强。机械损伤还会刺激乙烯合成加强。机械损伤使果蔬组织内氧气的含量增加，促使体内乙烯的合成加强，加快了成熟衰老的进程（张其春等，2019；谢如鹤等，2012）。

2.1.2.2 生鲜食品质量监测指标的研究

选取适当的质量监测指标是判断生鲜食品保质期的关键。质量监测指标包括微生物指标、理化指标和感官评价（胡位歆等，2014）。

（1）微生物指标。

微生物增殖是造成生鲜食品腐败最主要的因素。研究者（赵艳坤 等，2019）运用专业设备来检测牛奶中的微生物生长情况和保质期情况，结果表明，两者紧密相关，微生物数量越多，保质期越短。学者（李佳，2011）指出不同类别的微生物的腐败原因各不相同，例如，微球菌属能分解食品中的蛋白质，导致食品腐败；乳杆菌属能分解食品中的脂肪和碳水化合物，导致食品酸败。

（2）理化指标。

理化指标包含物理指标和化学指标。生鲜食品的物理变化主要发生在原产地收购、工厂加工或者物流运输过程中，因为操作不当或者外部环境污染，引起食品的提前腐坏或者保质期缩短。

化学变化主要是在工厂加工、物流仓储或者运输过程中，食品内部结构发生的变化。化学反应一般包括氧化反应、酶反应，以及非酶褐变等情况（董笑 等，2016）。

（3）感官指标。

感官指标一般是指对生鲜食品的气味和外观色泽进行判断的指标。学者（L Niina et al.，2021）构建了营养和感官变化模型来检测新鲜柠檬的货架寿命和质量，感官涉及柠檬的外表面、颜色、透明性、气味、硬度等，监测指标包括可溶性介质、果糖、抗氧化剂活动等。学者（胡位歆 等，2014）分别从两种维度来预测生鲜食品的保质期，一种是研究水分活度、温度、pH 值等因素对生鲜食品味道、色泽等感官因素的影响；另一种是构建微生物模型来分析食品腐败过程的进程。但是需要注意的是，感官评价存在一定的局限性，评价人员个人的喜好可能会对评价结果产生偏差。

综上所述，生鲜食品质量相对于一般商品质量，有其特殊性，主要体现在易腐变质；同时，在对食品质量的评价和判断中，也要考虑不同角色评价的角度和标准。目前国内外学者在围绕影响生鲜食品腐败变质的原因和生鲜食品质量的监测指标两方面的研究中得到了不少结论，对于生鲜食品变质原因的研究，微生物污染所引起的食品腐败变质是最为重要和普遍的内部因素，而温湿度、气体、振动等被认为是影响生鲜食品变质速率的外部因素。在生鲜食品质量监测指标方面，主要参考的是生鲜食品保质期预测模型和检测指标，其中物理、化学指标，微生物指标和感官评价被认为是生鲜食品保质期预测中关键的测量指标。以上发现，对于在生鲜食品冷链物流服务质量评价指标体系构建的工作中，思考如何保证和检测生鲜食品的质量方面提供了重要参考。

2.1.3 生鲜食品安全质量管理面临的主要问题

食品卫生与安全质量控制无疑是食品质量管理的核心和工作重点。ISO9000 标准系列和危害分析与关键点控制系统（HACCP）是普遍认同的运用在食品质量控制与安全的保障体系和制度（Mortimore et al., 2013）。危害分析与关键点控制系统是通过对食品流通过程中可能存在的危害风险进行分析，在关键点进行严格控制，从而避免外界物理、化学、生物的危害因素对食品的破坏（周梅轩，2017；李洁 等，2015）。ISO9000 标准系列涉及内容更多，不仅包含了 HACCP 的主要内容，而且包括了法规性和系统性的内容。

生鲜食品安全质量管理工作中，如何准确地判断食品供应链中的风险，从而提前预防质量安全问题的发生，是管理者面临的一大挑战（姜方桃 等，2021；熊慧 等，2021）。

2.1.3.1 食品加工环节中的污染问题

生鲜食品供应链中的加工环节位于上游，食品进入市场流通前一般需要进行预冷、切割、冷冻或者包装等初加工作业。食品初加工作业对技术要求较高，很多供应商缺乏相应的技术配套或者操作标准，例如缺少快速预冷技术，这使得食品的加工作业过程暴露在高温环境中，不利于生鲜食品的质量保鲜（李海洲 等，2021）。

2.1.3.2 运输环节中的"断链"风险

运输环节是冷链物流服务过程的重要组成部分。针对生鲜食品的特殊性，运输全过程中需要维持稳定的低温环境来保证食品流通过程中的品质，任何冷链运输过程中出现的"断链"现象都有可能对食品质量安全带来风险（李海洲 等，2021）。但是，冷链物流技术的高要求也会带来企业成本的高投入，冷链基础设施的建设需要大量的资金投入，冷链运输的车辆相较于一般货车价格昂贵。不少中小型物流企业在企业的成长期，更多考虑的是如何降低运营成本，而忽视冷链质量的重要性，操作不规范的情况时常发生，如在运输环节未采取严格的温度控制，导致冷链物流"断链"。当运输车辆内的温度超过运输食品的合理保存温度时，微生物会快速繁殖，引发冷链食品腐烂变质。同时，冷链运输车辆定期的消毒和清洁也是保障食品质量安全的重要环节（Trebar, 2015；周海霞，2016）。

2.1.3.3 仓储衔接中的不规范问题

目前我国的大多数冷库发挥的作用仅仅局限于低温储藏，冷链物流网络体系尚未全面覆盖，物流企业与冷库之间无法实现无缝链接服务，物流系统中，仓储环节与运输环节不能有效地衔接配合，同时多数冷库设施设计中未考虑具备适当保温缓冲区的封闭月台（李海洲 等，2021）。生鲜食品的装卸搬运作业目前大部分还是以人工操作为主，食品出入库过程若长时间被暴露在常温或者高温中，也会促进微生物的快速繁殖，引发冷链食品腐烂变质的风险（Qu, 2015；杨玮 等，2018）。

2.1.3.4 食品包装在生鲜食品流通中起着重要的保护作用

食品包装的主要功能是保护食品，保护食品的品质和外观质量在物流过程中不发生破坏。食品包装有利于延长食品的保存期，方便供应商与客户发货收货过程，提高食品的流通效率。另外食品包装也可以防止食品的污染，促进食品流通的合理性（周鹤 等，2019）。对于生鲜食品而言，科学合理的包装可防止有害微生物和外界条件对生鲜食品的影响，对促进销售和方便生活有着重要作用。对于生鲜食品包装的选择，首先需要考虑的是所用材质的安全性，包装容器和包装材料绿色环保，不与食品发生化学反应，不含有毒的残留物和添加剂。另外，还要考虑包装的阻隔性，要能防湿、防潮、阻气等。同时，包装的刚性也同样重要，刚性要求包装具有一定的韧性和强度，以保证生鲜食品储存安全，特别是易碎类生鲜食品的包装。但是，值得注意的是，生鲜食品的包装问题长期以来并未得到行业的重视，包装材料的不合规，包装方式的不规范，导致流通过程中的商品的破损和二次污染，进而引发消费环节的质量安全事故（Huang et al., 2015；周鹤 等，2019）。

综上所述，生鲜食品安全质量管理面临的主要问题集中体现在食品的加工环节与流通环节，其中食品在加工环节，环境、技术和设备等方面的限制，会导致生鲜食品二次污染的风险；在运输和仓储环节，温湿度的控制，操作流程的衔接，食品包装的规范都是影响生鲜食品安全质量的关键要素。针对以上风险的管理，ISO9000 标准系列和危害分析与关键点控制系统（HACCP）是普遍认同的运用在食品质量控制与安全的保障体系和制度。可见，在生鲜食品冷链物流服务质量评价指标体系构建的工作中，我们应该将成熟的食品卫生与安全质量控制的保证制度和保证体系作为生鲜食品安全质量控制与检测的重要参考依据。

2.1.4 小结

本节探讨的是食品安全与生鲜食品质量的相关研究。生鲜食品具有保质期短、易受损、易腐烂等特征，为保证生鲜食品的新鲜程度及质量，减少流通过程中的损耗，生鲜食品从生产、加工、装卸、存储、运输和销售的一系列流程中应始终处于冷链物流的条件下。生鲜食品在流通过程中的品质变化与质量安全是衡量物流服务质量的关键因素。在关于食品安全问题的讨论中，学者们从表征因素、过程控制因素和制度因素三个不同层面提出了食品安全发生的原因和隐患。不难看出，生鲜食品安全问题的原因不是一个单一环节或者局部过程可以概括的，也不是仅靠制度层面的书文规定就可以完全规避的，应该考虑用从根源着手，全过程视角，运用系统化管理思维综合研究和分析。在关于食品质量的文献研究中，微生物的污染是生鲜食品腐败变质是最重要因素，同时温湿度、气体、振动等被认为是影响生鲜食品变质速率的外部因素。食品卫生与安全质量控制无疑是食品质量管理的核心和工作重点。

综上，本节讨论得到了如下重要启示：在构建生鲜食品冷链物流服务质量评价指标体系的工作中，可将生鲜食品质量特征作为关键指标维度之一。

2.2　服务科学与服务质量的理论基础

本节围绕服务的内涵与特征、服务科学、服务管理与服务质量的理论研究进行综述，旨在为后续构建生鲜食品冷链物流服务质量评价指标体系的研究阐明理论基础。

2.2.1　服务的内涵与特征

学者（Baile et al., 2021）认为，服务是协同创造和获取价值的供应商与客户的交互行为。学者（Baile et al., 2021）指出服务是由一方提供给另一方的经济活动，以换取买方的金钱、时间和努力。关于服务的特征主要体现在无形性和不可储存性两个方面。

2.2.1.1 无形性

无形性是服务与实物产品最基本的区别之一，或称"不可触性"。服务的无形性对服务供应商来说，在对服务事前的评估工作中有一定难度，对将要进行的服务内容难以进行质量控制和评估，对服务效果和风险难以做出正确的预测。对于顾客来说，对即将消费的服务的满足程度难以预测，更多的是依靠对服务供应商的资质和名气进行判断，但是这个基于信任的服务预测存在着一定的风险（Baile et al.，2021）。如何提高服务预测与评估水平、降低服务的不确定性是服务科学研究要重点解决的问题（Gregory et al.，2021；孟一君，2020）。

2.2.1.2 不可储存性

服务具有很强的时效性，不像实物产品可以存储，一旦服务结束，产品立即消失，或称"易消失性"。许多服务产品具有较强的时间性，如物流运输，时间一过，服务产品立即消失，无法像有形的实物产品那样可事先保存起来，等待满足未来的客户需求。如何准确预测需求，如何配置相应的服务，以及如何实现最大化客户满意度，这也是服务科学研究非常关注的（刘尚亮 等，2010；贾建民 等，2019）。

综上所述，服务的概念是很广的，其特征主要表现在无形性、不可储存性。在本书中冷链物流服务同样具备以上特征，因此，在生鲜食品冷链物流服务质量评价指标体系的构建中，需要充分考虑到其服务的特殊性，其中无形性是服务与实物产品最本质的区别之一，如何提高服务质量预测与评估水平、降低服务的不确定性是本书需要关注的问题。

2.2.2 服务科学的研究与发展

服务领域的研究与应用非常广泛，复杂科学管理与智能化嵌入研究成为热点，服务科学是研究服务管理与工程的基础和前提（刘选 等，2008）。在服务研究中，相较于善用经验和直觉判断的传统研究，服务科学更重视运用定量研究方法来分析服务问题，包括研究预测服务的未来影响和风险等，以及研究服务需求、服务定位、服务绩效、服务创新、服务质量等（刘选 等，2008；杨善林 等，2018；郭重庆，2008）。

2005 年 5 月，在牛津"服务科学"研讨会上出现了"服务科学、管理与工程"（services science，management and engineering，SSME）这一概念。这次会议使"服务科学"演变到"服务科学、管理与工程"（SSME），而以"服务科学"作为其简称（吴建祖 等，2009）。

服务科学是一门管理学领域的复杂交叉学科，其融合了基础科学的理论和系统工程学的方法、模型等，目的是推进服务能力创新的研究（Zurich et al., 2018）。学者（Baile et al., 2021）认为，服务科学研究服务系统的类型，并关注服务系统形成的原因，关注系统内各要素如何相互作用等，其目的是提升对服务系统设计、评估和改善能力。

美国 CSL 服务研究中心展望了未来服务科学研究的重点研究课题和优先研究方向（Baile et al., 2021），如图 2-1 所示。

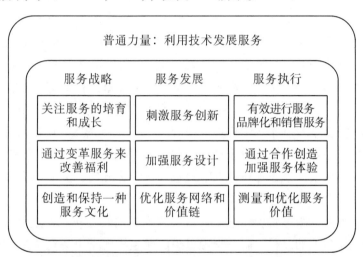

图 2-1　服务科学研究的重点研究课题和优先研究方向

（资料来源：Baile et al., 2017；Michael et al., 2021。）

服务科学的十大研究方向可以归纳为商业活动的三个方面，即服务战略、服务发展和服务执行。其中，研究指出，在"关注服务的培育和成长"方向中研究和开发一种"服务—产品"的组合，能进一步增强组织提供服务的能力；在"加强服务设计"中，强调将"设计思想"整合在服务实践、过程与系统中；对于"测量和优化服务价值"，研究强调服务供应方应该开发设计一个服务质量评估体系，且应该融入顾客。

2.2.3　服务管理的研究与发展

信息技术的发展，促进了科学技术的传播。企业产品在空间和时间上以及应用的广度上缩小了在技术含量方面的差距，这给以低成本、高技术等质量特征来定位的产品竞争带来新的挑战（Yu et al., 2021）。这样的环境促使了市场竞争战略由产品竞争、价格竞争等向品牌竞争、服务竞争等转型。因此，企业为了保持可持续的竞争优势，就需要寻找一套可以指导服务竞争战略的理论和方法。由于"科学管理"所设计的方法和理论在服务竞争战略中有一定局限性，所以适用于服务特性的新的理论与方法，即"服务管理"应运而生（Yu et al., 2021）。

学者（Parasuraman et al., 1985）提出将客户感知服务质量作为企业服务管理的主要目标。顾客在接受服务时，由于心理状态的不同，消费地点的不同或者是过程的不同，会有不同的服务感受，这可以解释为感知服务质量存在的差异。这种现象会给企业进行服务管理带来很大的难度。同时，服务管理领域的另一个研究成果是学者（Parasuraman et al., 1985a，1985b）的 SERVQUAL 量表，该量表至今仍然得到普遍应用。

20 世纪 90 年代后，服务管理的研究更加注重定量研究方法，研究的内容涉及的范围和内容更广，特别是在服务质量管理方面，在服务质量研究领域，不少学者基于 SERVQUAL 量表进行了大量的服务质量研究，并针对不同的行业和企业对该量表进行了调整（刘月 等，2004）。学者（Yu et al., 2021）认为，服务管理是以客户感知质量为导向，关注顾客长期关系和内部研发的一种综合管理方法。

综上所述，服务管理属于服务科学的主要领域之一，服务管理是改进创造和获得价值的过程。服务管理思想的诞生缘起于市场竞争形式由产品竞争、价格竞争等向服务竞争等的转变。从服务管理研究的发展趋势上看，顾客感知的服务管理受到学界和业界的主要关注，质量管理的重点从产品质量管理转向服务质量管理，建立规范的服务体系和服务管理的评价体系成为重点研究方向。

2.2.4　服务质量的维度与测量

服务质量的研究是服务管理研究的重点。对服务质量的研究始于 20 世纪 80 年代初。对于服务供应商而言，服务质量的管理应该贯穿于服务交付的全过程（Roy et al., 2021）。

2.2.4.1　服务质量的维度

学者（Parasuraman et al., 1985）认为，服务质量管理是服务型企业战略的重要内容。客户对服务质量的态度可以解释为其对参与的服务的感知效果与对服务的期望值之间的差距。对于客户而言，如果感知服务优于预期服务，则客户应该是高兴的，该服务效果是正面的；反之，如果感知服务低于预期服务，则客户应该是失望的，该服务效果是负面的；如果感知服务与预期服务一致，则服务质量是合格的，如图 2-2 所示。

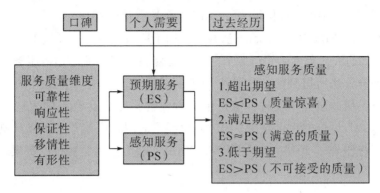

图 2-2　感知服务质量

（资料来源：Parasuraman et al.，1985。）

图 2-2 给出了服务质量的五个维度：可靠性、响应性、保证性、移情性和有形性。

可靠性是指服务提供者能够准确地执行服务承诺的能力。

响应性是指服务提供者能满足客户高效享受服务的愿望。

保证性是指服务提供者的专业知识和业务能力有所保证。

移情性是服务提供者设身处地地为客户考虑问题。

有形性是指服务提供者提供具体的设施设备、人员等。

客户从以上五个维度将实际感知的服务效果与期待的服务质量相比较，能够对服务质量给予相应的评价（Parasuraman et al.，1985）。

2.2.4.2　服务质量的测量

由于客户对于服务的态度是多种无形因素决定的，因此对于服务质量的测量是一项挑战。学者（Parasuraman et al.，1985a，1985b）开发的 SE-RVQUAL 量表是以服务质量五个维度为基础的调查顾客满意程度的有效工具，通过利用李克特七点量表，记录下顾客的态度。调查表中的 22 条陈述分别描述了服务质量的五个方面，如表 2-3 所示。这种方法已经在多种服务情境中被运用和验证。

在服务型企业的质量管理中，SERVQUAL 量表被研究者广泛用来作为测量工具，通过对比客户感知与期望的差距，来发现服务质量管理中的问题，进而提高服务质量。但是需要注意的是，由于行业各自表现出来的不同特点，SERVQUAL 量表五个维度在不同行业也会发生调整。另外，有研究将 SERVQUAL 评价方法与其他定量或者定性的研究方法结合使用，能够准确地对企业服务质量进行评价或者对企业服务质量发展趋势进行预测（张振华 等，2019；曾伏娥 等，2017；覃雪莲 等，2018）。

但是，SERVQUAL 评价方法并不适用于所有行业，当研究对象发生变化时，如研究对象变为银行服务、设备维修服务、物流运输等服务时，运用该评价方法所得到的结论缺少一定的适应性。另外，在对不同行业进行服务质量的研究中发现，五个维度重要性排序也会有不同表现。因此SERVQUAL 评价方法也存在一定的局限性，运用时应该考虑研究对象的特殊性（李佳 等，2010；步会敏 等，2018；洪志生 等，2012；贾果玲 等，2019）。

表 2-3　SERVQUAL 量表

维度	分指标
有形性	1. 具备现代化设备的程度
	2. 服务设施具有吸引力
	3. 服务人员整洁的仪容、服饰
	4. 公司拥有完善的设备，能够提供您想要的服务或信息
可靠性	5. 公司对顾客所承诺的事情能够及时完成
	6. 在处理顾客问题的时候能提供帮助
	7. 企业信誉好，且值得信赖
	8. 在承诺的时间内完成承诺提供给您的服务
	9. 该公司资料的准确程度
响应性	10. 让顾客明白什么时候服务人员正为您服务
	11. 公司处理业务程序及服务的速度
	12. 公司愿意协助解决顾客交易上困难的程度
	13. 应能够快速响应顾客需求
保证性	14. 服务人员令顾客值得信赖和信任
	15. 在交易的时候顾客有安全感
	16. 服务人员的礼貌程度
	17. 服务人员的事业知识

表2-3(续)

维度	分指标
移情性	18. 针对顾客的个别需求给予关怀与方便
	19. 服务人员应该体贴地与顾客接洽
	20. 公司重视顾客利益的程度
	21. 公司要能了解顾客需求
	22. 方便顾客的经营时间

（资料来源：Parasuraman et al., 1985a, 1985b。）

综上所述，服务质量的研究是服务管理研究的核心。随着 Parasuraman, Zeithaml & Berry（1985a，1985b）的感知服务质量差距模型等理论的问世，学术界和服务业对服务管理和服务质量有了更明确的方向，其中五个基本维度，至今仍然在被研究者广泛运用。

2.2.5　小结

本节从服务的内涵和特征出发，讨论了服务科学与服务管理的发展历程和研究成果，在此基础上，对现阶段服务质量的维度和测量方法进行了整理和探讨，为本书后续研究的展开奠定了理论基础和逻辑脉络。

综上，本节讨论所得的重要启示有：

（1）在本书中冷链物流服务同样具备无形性、不可储存性的特征，因此，在生鲜食品冷链物流服务质量评价指标体系的指标选择中，需要充分考虑到其服务的特殊性。

（2）物流服务质量评价的研究在服务科学发展的基础上发展而来，在开发生鲜食品冷链物流服务质量评价指标体系中需要结合服务科学、服务管理、服务工程的综合思想，同时需要考虑融合企业、客户和新技术等维度，通过提高服务质量来创造价值。

2.3　物流服务质量评价的相关研究

物流服务质量（logistics service quality，LSQ）是物流企业整体运营至关重要的组成部分（覃雪莲 等，2018）。正确认识物流服务质量的重要性，对物流企业核心竞争力的提高十分必要（姜岩，2021）。在过去关于物流服务质量的研究中，学术界对物流服务质量做出了大量的研究，为后续多样化研究奠定了坚实的基础。目前学术界对物流服务质量的讨论仍然激烈，观点层出不穷，成果不断涌现，各路学者都在试图找到一种比较普适的模型来尽可能全面而系统地解释物流服务质量的问题（姜岩，2021）。

本节根据物流服务质量的指标选取维度的多样性以及评价模型和方法的不同，从物流企业、顾客感知以及综合两者视角的三个维度分别进行讨论，同时从实证检验的量化研究、评价指标权重计算和基于"质量功能开发法"分析三方面梳理物流服务质量的评估方法。

2.3.1　评价模型及其指标

2.3.1.1　物流企业维度的物流服务质量评价模型及其指标

市场的激烈竞争，需要企业调整发展战略，将内部资源整合并与外界资源加强协作，将物流服务的高质量发展定为战略目标之一（张宝友 等，2021）。学者（Singh et al.，2018）构建了基于第三方物流的结构关系模型，从服务流程分析的角度运用解释结构模型来对服务质量进行评价，研究强调，企业获得政府的支持是重要的评估指标。考虑到服务保障性和公平性共同影响功能性物流服务提供商选择的事实，学者（Hussein et al.，2021）运用服务质量的公平性、不确定性、保障性等指标建立了用于物流服务供应商服务评价的模型。在物流企业维度的服务质量评价的指标选择中，核心是企业从运营管理的角度来考虑应该或者能够做什么。更多是基于"利润最大化"的思想开展研究和对评价指标的选择。因此，这类评价模型的特点是注重企业运营能力和服务过程质量的提升，从而进一步提高物流服务质量，其局限在于只适合供给端的服务供应商，对于需求端追求个性化服务的顾客缺少了可操作性（张宝友 等，2021）。

2.3.1.2　顾客感知视角的物流服务质量评价模型及其指标

顾客感知视角的物流服务质量评价研究重要的理论支持是 SERVQUAL 模型。有学者尝试将 SERVQUAL 量表运用于物流服务业的研究，同时基于物流的特点在原有量表的基础上做出调整（姜岩，2021）。但是一些学者认为 SERVQUAL 量表在物流行业的运用中存在一定局限性，因为该量表侧重于从服务过程视角或者功能视角来对服务质量进行测量，而对于物流服务而言，需要考虑顾客感知的维度、物流技术维度等的影响，因此

SERVQUAL 量表在物流服务质量的研究中不能生搬硬套（Kahnali et al.，2015a，2015b；Parasuraman et al.，1988；周正嵩 等，2012）。鉴于 SERVQUAL 量表在物流服务质量测量中的局限性，学者（Mentzer et al.，2001）通过定性研究了解美国大型物流服务供应商 8 个细分市场客户的需求，通过定量研究方法确定了一个有 9 个维度 25 个评价指标的 LSQ 量表，如表 2-4 所示。在 LSQ 量表的运用中需要注意，不同行业对物流服务质量指标的关注度存在区别，因此，基于不同行业部门的实际情况，服务质量的评价维度与指标的选择也有不同（姜岩，2021）。

表 2-4　物流服务质量 LSQ 量表

评价维度	评价项目
人员沟通质量	物流服务商指定的沟通人员理解了顾客的处境
	物流服务商指定的沟通人员解决了顾客的问题
	物流服务商指定的沟通人员有产品的相关知识或经验
订单释放数量	顾客要求的订单释放量没有问题
	顾客要求的最大的订单释放量没有问题
	顾客要求的最小的订单释放量没有问题
信息质量	有可用的信息
	有足够的信息
订货过程	申请过程很有效
	申请过程容易接受
货品精确率	出货量中错误的物品少
	出货量中不正确的数量少
	出货量中替换品数量少
货品完好程度	从物流服务商仓库收到的货物没有破损
	直接从生产商收到的货物没有破损
	由于运输工具发生的损坏少
货品质量	从物流服务商发送的替代物品运行好
	从物流服务商订购的产品满足技术要求
	不相容的设备或物件很少

表2-4(续)

评价维度	评价项目
误差处理质量	误差的修正处理令人满意
	误差处理的报告过程令人满意
	对误差处理报告的回复令人满意
时间性	请求和接收交付之间的时间间隔短
	在交付承诺日期到达
	待发货订单相应时间短

（资料来源：Mentzer et al., 2001；Min et al., 2000。）

2.3.1.3 物流企业和顾客感知相结合的物流服务质量评价

对于服务质量的研究，客户感兴趣的内容与物流企业提供的服务内容往往背道而驰。因为物流服务质量不仅取决于多种资源的投资和整合，而且与顾客主观实际感受密切相关，所以物流服务质量分析应同时包括物流企业和顾客感知视角（姜岩，2021）。学者（Park et al., 2015）从物流企业的角度提出客户订单处理质量、服务人员沟通质量、信息质量、及时配送服务质量四个评价指标，从顾客感知角度提出及时性、信息、社交三个评价指标，结合物流企业和客户感知的视角对物流服务质量进行了评估。学者（Hussein et al., 2021）将物流服务质量分成能力质量、过程质量、结果质量三个维度。其中能力质量和过程质量侧重于物流企业运营管理质量维度，结果质量侧重于顾客的感知质量维度，评价工作者的任务是关注质量的提升与改进，以满足客户的需求。

综上所述，现阶段关于物流服务质量的评价模型及指标的研究主要是从物流企业和物流顾客感知两个视角来构建的，也有学者将两者结合起来分析。从物流企业的视角看，评价模型构建思想的特点是注重企业运营能力和服务过程质量的提升，从而进一步改善物流服务质量，其局限在于只适合供给端的服务供应商，对于需求端追求个性化服务的客户缺少相应的应用价值。从顾客感知视角看，对于不同行业部门的具体情况，服务质量的评价维度与指标的筛选也有变化，不少学者将经典的 SERVQUAL 量表引入物流服务业，并试图通过导入物流特征在该量表基础上做必要的修正。但一些学者认为将 SERVQUAL 量表运用于物流行业中存在缺陷，Mentzer, Flint 和 Hult（2001）提出了一个 9 个维度 25 个指标的 LSQ 量表，该量表后来被广泛运用于物流服务质量的研究中。考虑到客户感兴趣的内容与服务供应商提供的服务内容在很多环境下存在矛盾关系，有研究创造性地将物流服务质量分析同时包括物流企业和消费者视角，这使得研究成果更为丰富。

2.3.2　物流服务质量评价方法

2.3.2.1　实证检验

许多学者将 SERVQUAL 模型应用于不同行业，以研究物流服务质量的影响因素。文献主要以 SERVQUAL 模型为理论基础，分析研究对象的特点，适当调整评价指标，再运用结构方程模型等统计手段检验和分析评估指标与物流服务质量之间存在某种关系，从而有针对性地解决服务质量的问题（张宝友 等，2021；林明辉，2021；González et al.，2019；Politis et al.，2014）。同样值得注意的是，在 LSQ 量表被提出后，紧接着，Mentzer，Flint 和 Hult（2001）利用数理统计方法定量分析了 LSQ 模型中 9 个维度之间的相关性，讨论了不同维度之间的相关性，与此同时，针对不同服务市场，分析了不同维度对顾客满意度的影响，结果如图 2-3 所示。但是，该研究中（Mentzer et al.，2001），研究样本来自同一供应商的细分市场，评价指标的选取都与特定研究对象的客户相关，所以该研究模型并不完全适用于所有物流供应商（姜岩，2021）。

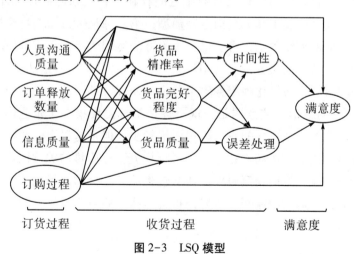

图 2-3　LSQ 模型

（资料来源：Mentzer et al.，2001。）

2.3.2.2　确定指标权重的方法

相关研究（张宝友 等，2021）发现影响物流服务质量的因素不仅包括企业人力、财力、物力的投入，运营转化过程以及产生产品或者服务的结果，而且包括社会责任和环境保护等外部因素，但这些因素之间往往是相互制约的。因此，评估物流服务质量是一个多目标决策过程。学者（Singh et al.，2018）综合使用 AHP 和 TOPSIS 的研究方法，对物流公司的服务质量进行评价，研究认为人工服务态度、服务时效性和准确性是最重要的质量指标。学者（李凯华，2019）运用模糊层次分析法分析服务评估过程的不准确性和不确定性的问题。学者（Wang，2016）强调在指标权重的计算中层次分析法并未充分考虑评价指标之间的影响与依赖关系，因此将网络分析法与质量功能开发法结合对供应链安全问题进行研究，基于网络分析法计算客户需求对于研究要素的权重。

2.3.2.3　基于"质量功能开发法"的分析

企业在面对市场激烈的竞争环境时，充分了解客户的需求并将其转换为可以提供的服务是抢占更大市场份额的重要手段。因此，"质量功能开发法（QFD）"的研究受到较大关注（姜岩，2021）。质量功能开发法有利于理清顾客需求。其中质量屋矩阵是质量功能开发法的核心工具（覃雪莲 等，2018；郑兵 等，2007）。

综上所述，关于物流服务质量的评价方法的研究主要有三种路径，第一种是分析评估指标与物流服务质量之间存在某种关系的数理统计研究，比较常用的实证检验工具为结构方程模型；第二种是考虑影响物流服务质量的因素之间的复杂关系，将多目标决策方法运用于指标权重的研究和确定，常用的方法为层次分析法（AHP）；第三种为基于"质量功能开发法"的分析，将客户声音转化为服务质量特征的研究。常用的方法为质量功能开发法（QFD）。值得注意的是，现有评估指标主要集中于企业内部，对服务产品本身的品质特性的研究因素考虑较少，但是这对于一些特殊类的商品，如生鲜食品、医药物品等，是影响物流服务质量的关键因素。现阶段研究中，涉及特定的物流服务，如众包物流、冷链物流等相关的研究较少。针对特殊行业的物流开展研究，将会是物流服务质量研究的一个重要方向（姜岩，2021）。

2.3.3　小结

本节围绕物流服务质量的评价模型及指标和物流服务质量评估方法的文献研究展开探讨，总结了从物流企业、物流客户感知以及两者相互结合三个不同视角所建立的评价模型与指标，同时在评价方法中，讨论了实证检验的量化研究、评价指标权重计算和基于"质量功能开发法"分析的三方面的物流服务质量评估方法，为本书在生鲜食品冷链物流服务质量评价指标维度的选择和评价方法的选择上提供了重要的研究参考。

综上，本节讨论所得的重要启示有：

（1）在本书构建生鲜食品冷链物流服务质量评价指标体系的工作中，关于确定评价指标的维度，不应该仅局限于单一的角度。由于冷链物流的特点，本书评价指标选取的维度将分别从顾客感知和物流服务供应商两个不同角度来考量。

（2）学者门策等（Mentzer et al., 2001）提出的 LSQ 量表与模型将作为本书在选取顾客感知的服务质量指标中的参考依据。

（3）在对生鲜食品冷链物流服务质量评价指标体系的构建中，评价指标权重的确定是本书研究的工作之一，考虑到影响冷链物流服务质量因素之间可能存在的相互作用，本书将采用网络分析法（ANP）确定评价指标间的相对重要性。

2.4 冷链物流服务质量相关理论与研究

冷链物流服务质量管理既属于冷链运营管理范畴，也是冷链物流领域的重要研究焦点。现阶段关于冷链物流服务质量的研究大部分是在物流服务质量研究的理论和成果的基础上产生与发展的。研究主要集中在冷链物流服务质量评价指标体系构建和实证评价研究。同时，近年来危害分析与关键点控制系统（HACCP）被用于生鲜食品冷链物流服务质量的研究中，其目的是提高生鲜食品在物流过程中的质量安全。

2.4.1 评价指标和实证评价研究

丘祝强、谢如鹤和林朝朋（2007）结合层次分析法（AHP）与解释结构模型法（ISM）构建了冷链物流评价模型，运用此评价模型对跨区域生鲜农产品销售物流的安全风险水平进行评估。在该研究中，研究者从生鲜农产品销售物流的过程角度分析，确定了生鲜农产品销售物流安全风险评价指标，为后续生鲜农产品冷链物流的质量评价工作提供了参考。陈红丽等（2015）利用层次分析法建立了食品冷链物流安全评价模型，对冷链物流中的风险因素进行了重要性分析，该研究验证了不同风险对冷链物流影响的不同，指出了对可能存在重大风险的因素应该重点管理。张其春、黄陈润（2019）在解析生鲜食品冷链物流服务质量内涵的基础上，基于SE-RVQUAL模型和LSQ模型，从响应性、可靠性、便利性、有形性四个构面建立生鲜食品冷链物流服务质量评价指标体系，运用神经网络方法对冷链物流企业开展实证分析，验证评价方法的有效性和评价指标体系的合理性。学者（Zailani et al., 2018）开发了一个包含九个评估维度的清真食品物流服务质量模型，考虑到清真食品易变质、保质期较其他商品短等特点，物流服务质量评价模型中除与其他商品物流一样要求服务的及时性、数量的准确性等指标外，特别提出对清真食品的质量保证与食品安全问题。山红梅和杨雪静（2020）将云模型与区间层次分析法（IAHP）相结合形成生鲜农产品冷链物流服务水平评估方法，依据生鲜农产品冷链物流特点构建了以冷链仓储服务、冷藏运输服务、农产品加工、冷链物流信息化和员工素质五方面为主的生鲜农产品冷链物流综合服务水平评估指标体系。该研究克服了传统的层次分析法采用点值描述产生的不确定偏差，并用云相似度算法验证了综合评估结果。

综上所述，在冷链物流服务质量评价指标体系构建方面，有两种基本思路：一种思路基于运营管理视角，根据冷链物流系统构成要素展开；另一种思路是基于用户感知的角度，在SERVQUAL模型与LSQ模型的基础上对影响物流服务质量的因素进行探讨。两种思路都忽视了对物流商品本身的特性进行考量。在评价方法方面，本书主要采用定量评价方法，如层次分析法、模糊综合评价法、BP神经网络法等，这些研究方法在结果上大都存在主观性偏差，没有考虑各指标因素间的相互影响，忽略指标之间存在依存关系，对评价结果的准确性造成了很大的影响。同时在以上的研究中缺少对物流过程危害和影响物流质量因素的分析。

2.4.2 HACCP管理体系的应用

HACCP是指危害分析与关键点控制系统（hazard analysis & critical control point，HACCP）。《食品工业基本术语》中对其的定义为在食品行业中保证在流通、加工等环节中质量安全的一种管理方法。基于对原材料到半成品，再到成品一系列生产、加工、流通过程的分析，对其中的每一个工序和每一步交接进行研究，识别可能出现的危险点，对其进行预防和监控，提高食品质量与安全保障的能力。"事前预防"是 HACCP 的基本思想。将 HACCP 管理体系运用到冷链物流服务质量管理中，能有效地识别冷链物流每个过程和环节可能发生的"断链"点并进行分析，制定有针对性的预防控制手段，提高冷链物流的稳定性（李洁 等，2015；杨扬 等，2016；王叶婷 等，2019）。

HACCP 的实施主要分为七个步骤，如图 2-4 所示。

第一步	·建立危害分析工作单（HA） ·危害分析是对全部环节可能发生的危害进行详细分析。危害（hazard）是指对食用者的身体健康造成不良影响的物理性危害、化学性危害和生物性危害。对各个环节进行危害分析后，就可以将各个危害详细列出，制定危害分析表，危害分析表即为危害工作单
第二步	·确定关键控制点（CCP） ·确定关键控制点是指在整个过程中可能产生质量危害的某一点、步骤或工序，对这些关键点进行良好控制后，就能够有效地防止危害，或者把危害的影响降低到可接受范围内
第三步	·建立关键限值（CL） ·在某一关键控制点上将物理、生物、化学的参数控制在合理水平，从而可防止或消除所确定的潜在危害，或者把危害降低到许可范围
第四步	·建立关键点（CCP）的监控体系 ·关键点（CCP）的监控体系有两个目标：第一是实时监控关键点（CCP）是否处于良好的控制中；第二是对于所有监控，做好详细的记录，以便后期工作的评价和改进
第五步	·建立纠偏措施 ·当系统的监控显示某一个关键点（CCP）处于失控状态时，应当立即采用相应的纠偏措施
第六步	·建立验证程序 ·验证程序验证 HACCP 管理体系是否切合企业的实际运作过程，并确保HACCP管理体系的正常运作
第七步	·记录HACCP管理体系的运作过程并归档 ·这些记录包括：HACCP管理小组的会议记录、危害分析表、HACCP运行监控记录、审核验证报告等

图 2-4　HACCP 实施流程

本章文献探讨中已经强调了生鲜食品易变质的特点，特别是在冷链物流中由于可能的操作不当或者暴露于高温中，会加快生鲜食品的腐败。目前我国在冷链物流业缺乏一套行之有效的管理准则，企业在实际服务运营中暴露出了不少问题，因此生鲜食品冷链物流行业迫切需要一套科学的质量控制体系。生鲜食品冷链物流的研究，环节复杂，涉及从最开始的种植环节一直到最终消费环节，任何一个环节出现了"断链"的情况，都有可能影响生鲜食品的质量安全（王叶婷 等，2019）。

陈红丽等（2015）综合六西格玛质量管理工具、HACCP、模糊层次分析法（FAHP）等研究方法，建立了冷链物流服务过程质量评价模型。在其研究中，针对生鲜肉类冷链物流的过程分析，讨论影响鲜肉的质量环节及因素，在评价指标的筛选中，特别强调了食品质量维度的评价，将理化指标、微生物指标纳入评价指标体系中，体现了对冷链物流对象的检测，这一指标制定思路为其他食品评价指标体系指标设置时提供了重要的借鉴。另外，陈铭中等（2016）在对海鲜产品的冷链物流质量研究中，考虑到海鲜产品的质量安全影响因素较为复杂，将海鲜产品的 HACCP 管理体系与其他质量管理体系结合使用。徐玥（2018）运用 HACCP 原理对乳制品的冷链物流过程研究，以酸奶为例，对酸奶的供应链展开危害因素分析，锚定冷链物流中的关键控制点，设置限值和控制措施，确保酸奶在冷链物流中的质量安全。王叶婷和鞠国泉（2019）从鲜活农产品冷链物流的角度来探讨鲜活农产品的质量安全。李冉和李思聪（2020）提出开展冷链物流企业运输服务质量评价工作有利于对冷链物流行业发挥"扶优驱劣、规范市场、提升质量"的正向引导作用，研究运用 HACCP 管理体系针对冷链物流企业典型运输场景及关键管控点进行了分析，提出了冷链物流企业运输服务质量评价指标的确立标准，从温度控制、规模与能力、服务结果三个维度构建了冷链物流企业运输服务质量评价指标。

表2-5 汇总了学者们在基于 HACCP 的生鲜食品冷链物流质量控制研究中冷链物流过程质量的危害分析，主要涉及的冷链物流环节包括，原材料供应、冷冻加工环节、包装环节、冷冻贮藏环节、冷藏运输与配送环节、冷冻销售环节、装卸搬运环节。

综上所述，生鲜食品冷链物流是以保证生鲜食品的品质为前提，不同于一般产品，其对物流过程中各个环节的操作标准和温湿度环境都有更高要求，多职能的衔接与合作才能保证生鲜食品的产品质量和冷链物流的服务质量。将 HACCP 质量管理体系应用在生鲜食品冷链物流质量控制中，能有效地识别冷链物流每个过程和环节可能发生的"断链"点，制定有针对性的预防控制手段，提高冷链物流的稳定性，减少安全危害的发生（周梅轩，2017；杨扬 等，2016；赵艳艳 等，2009；陈红丽 等，2013；陈铭中 等，2016）。

表 2-5　生鲜食品冷链物流过程质量危害分析

环节	危害分析	参考文献
原材料供应	对原材料造成危害的情况包括可能造成生鲜产品污染的农药残留超标和铅、汞等重金属超标。另外，原材料验收过程中的疏忽有可能使变质材料进入加工环节	周梅轩（2017）；杨扬、袁媛、李杰梅（2016）
冷冻加工环节	生产过程中卫生不符合条件、加工工人自身卫生状况较差、加工操作不当，都有可能造成生鲜产品的污染，带来危害	李洁、翟树芹、韩世万（2015）；杨扬、袁媛、李杰梅（2016）；杨昀（2021）
包装环节	加工完成后的包装过程中，包装材料不符合条件、包装印刷物本身污染均会造成生鲜产品质量不合格	王叶婷、鞠国泉（2019）；赵艳艳、张于贤（2009）；陈铭中、钟旭美、周伟光（2016）
冷冻贮藏环节	入库时没有及时收货造成生鲜产品变质、没有及时速冻影响生鲜产品鲜度、存储区的温湿度不符合标准会导致农产品腐败变质；储存过程中没有很好地养护造成生鲜产品变质，出库时没有实现先进先出导致农产品过期变质	杨昀（2021）；杨扬、袁媛、李杰梅（2016）；陈铭中、钟旭美、周伟光（2016）
冷藏运输与配送环节	生鲜产品本身易腐烂、易变质，如果运输配送过程是在常温状态下，没有使用冷藏车并调节到合适的温湿度，则运输设备不合格；运输配送计划不合理导致路线过长，配送时配载没有考虑不同生鲜产品储存条件，产品本身性质的限制造成交叉污染等问题，都会影响农产品本身的质量	杨扬、袁媛、李杰梅（2016）；王叶婷、鞠国泉（2019）；陈铭中、钟旭美、周伟光（2016）
冷冻销售环节	生鲜产品最终销往农贸市场、超市、商场等销售终端，最后流向消费者的手中。这个环节上，终端销售单位的检验程序不合理，会导致不合格农产品流向市场；各超市市场等的陈列柜不符合低温条件，会导致生鲜产品在销售过程中的质量问题	赵艳艳、张于贤（2009）；陈铭中、钟旭美、周伟光（2016）

表2-5(续)

环节	危害分析	参考文献
装卸搬运环节	装卸搬运设备卫生条件不过关造成农产品污染，装卸搬运过程中由于各种原因导致的效率低下使得生鲜产品在常温状态下的时间过长，会造成生鲜产品变质	李洁、翟树芹、韩世万（2015）；杨扬、袁媛、李杰梅（2016）；赵艳艳、张于贤（2009）

2.4.3 小结

本节集中探讨了冷链物流服务质量相关的研究，目前学术界对冷链物流服务质量的研究大多是在物流服务质量研究的理论和成果上产生与发展的。在冷链物流服务质量评价指标体系构建方面，一是基于运营管理视角，根据冷链物流过程质量研究展开。二是基于顾客感知的视角，在 SERVQUAL 模型与 LSQ 模型的基础上对影响物流服务质量的因素有所探讨。两种思路都忽视了对物流商品本身的特性进行考量，缺少对物流服务质量的所有影响因素进行系统化的研究。在评价方法方面，主要采用定量评价方法，如层次分析法、模糊综合评价法、BP 神经网络法等。这些评价方法在结果上大都存在主观性偏差，没有考虑各指标因素间的相互影响，忽略指标之间存在依存关系，对评价结果的准确性造成了很大的影响。同时，本节对 HACCP 管理体系的应用进行了介绍，讨论了 HACCP 管理体系在冷链物流服务质量中的研究与成果，将 HACCP 质量管理体系应用到生鲜食品冷链物流质量控制中，能有效地识别冷链物流每个过程和环节的关键，对可能发生的"断链"点进行分析，制定有针对性的预防控制手段，减少危害的发生，可以整体提高冷链物流服务的质量。

综上，本节讨论所得到的重要启示有：

（1）本书在生鲜食品冷链物流服务质量评价指标体系的构建中应该对生鲜食品本身的特性进行考量，而不是仅局限于从物流供应商的视角或是顾客感知的视角。

（2）在评价指标权重的研究中，需要考虑各指标因素间的相互影响。

（3）在 HACCP 质量管理体系应用与本书对生鲜食品冷链物流过程质量的分析中，将冷链物流过程质量作为生鲜食品冷链物流服务质量的评价维度之一。

3 研究设计与实施

本书研究的目的是构建生鲜食品冷链物流服务质量评价指标体系。依据本书研究的主要目的，结合文献探讨部分的理论基础，本章将对所采用的研究方法和实施程序做详细说明。本章共分为三节，分别介绍本书各阶段主要运用的研究方法和实施步骤。

3.1 焦点团体访谈法的设计与实施

本书使用焦点团体访谈法分别在两个阶段开展研究。其一是在本书研究的第一阶段，运用焦点团体访谈法，广纳专家的意见，从评价指标池中确定出生鲜食品冷链物流服务质量评价各级指标项目及指标说明。其二是在本书研究的第四阶段，运用焦点团体访谈法组织专家小组，围绕已构建的生鲜食品冷链物流服务质量评价指标体系各阶段结果展开讨论，主要针对解释结构模型法所分析出的评价指标关联性与层级结构，以及网络分析法所获得的各评价指标项的权重结果两个方面展开讨论，用定性研究的方式为整体评价指标体系结果和各阶段的研究结果进行讨论与分析。以下分别就焦点团体访谈的研究方法介绍、访谈大纲、专家组成和实施过程做说明。

3.1.1 研究方法介绍

焦点团体访谈法是一种以团体方式进行访谈的质性研究方法。焦点团体访谈法借由团体中成员的互动和讨论，不仅可以协助研究者理清研究方向，而且能在短时间的访谈过程中针对研究者的研究议题充分讨论，使研究者从对话与互动中，获取尽可能完整的、真实的看法，以达到收集研究资料的目的（Kitzinger，1995；Longhurst，2003；Morgan，1996；Powell et al.，1996；Stewart et al.，2014）。

焦点团体访谈法是近年来社会科学研究领域被经常性运用的质性研究方法，目前焦点团体访谈法被运用在各个领域的研究中，例如服务、教育、公共政策等领域（Kitzinger，1995；Longhurst，2003；Morgan，1996）。学者（Stewart et al.，2014）认为使用焦点团体访谈法来收集资料是一种高效率的研究方法，透过有系统化的团体互动方式获得资料，可以使研究参与者表达内心的想法、经验和观点。研究者选取某些符合特定要求的受访者组成小团体，经由一位主持人引导成员进行焦点团体座谈，让团体成员快速进入讨论与互动，聚焦研究者所提出的主题及凝聚共识。整个访谈过程中，研究者扮演中介者、引导者、倾听者及资料分析者的角色，引导团体成员踊跃和充分地对相关议题提出看法和观点。研究者通过收集团体成员的谈话内容并进行系统性的整理，达到资料收集的目的（Longhurst，2003；Morgan，1996；Powell et al.，1996；Stewart et al.，2014）。

焦点团体访谈的人数规模要视所讨论议题的复杂程度而定，比较常见的规模由 8 名至 12 名组成（Böser，2015）。在受访者的背景方面，受访者具有相当程度的同质性，这样有利于焦点团体在对等情况下进行讨论。焦点团体访谈中，主持人会引导 1~2 小时的互动式讨论，促使团体成员们在不同意见交流中，表达其对某些特定议题的经验、情感及看法，并使用录音等方式来记录团体成员的对话资料。访谈结束后，组织者将录音转为文字以便进行资料分析，收集资料的标准为当资料达到饱和即可停止（Longhurst，2003；Powell et al.，1996；Stewart et al.，2014）。本节研究使用焦点团体访谈法围绕已构建的生鲜食品冷链物流服务质量评价指标体系各阶段结果展开讨论。

3.1.2 访谈大纲

研究者依据本书的主题及研究目的，将研究问题转换为焦点团体访谈的大纲初稿，即为"生鲜食品冷链物流服务质量评价指标体系的构建"访谈大纲。为了让焦点团体访谈开展得更为顺利且能聚焦讨论议题，本书在访谈会前邀请三位冷链物流专家学者同研究者共同审视焦点团体访谈大纲的内容是否恰当，并请专家学者提供修正意见，以确保焦点团体访谈大纲的适当性。

本节研究采取焦点团体访谈法的目的是希望获得专家学者针对由服务质量评价的指标维度和评价指标所形成的评价指标池的结果，解释结构模型法所分析出的评价指标关联性与层级结构，以及网络分析法所获得的各评价指标项的权重结果三个主要方面的看法与意见。访谈大纲内容为半结构式形态，专家学者们根据各自的业界经验与研究专业，针对本书研究结果给出丰富的观点和意见，研究者通过访谈过程中收集到的资料，整理出以上三个主要方面的讨论结果，为本书所构建的生鲜食品冷链物流服务质量评价指标体系进行系统性的总结。因此，本书研究阶段焦点团体访谈的大纲议题有下列三个方面的重点：

第一，对于通过文献研究所确定的生鲜食品冷链物流服务质量评价指标池中评价维度、评价指标及指标说明的看法与建议有哪些？

第二，对于运用解释结构模型法所确定的生鲜食品冷链物流服务质量评价指标间关联性与结构模型结果的看法与建议有哪些？

第三，对于运用网络分析法所获得的生鲜食品冷链物流服务质量评价指标的权重结果的看法与建议有哪些？

3.1.3 专家组成

焦点团体的成员在实际运作上必须在某些重要的层面上具有相似性。这种同质性取决于该研究的目的（Böser，2015；Stewart et al.，2014）。本阶段专家成员的选择参照学者（Powell et al.，1996；Stewart et al.，2014）所述专家访谈对象抽样方法，以立意抽样（purposive sampling）的深度抽样以及差异抽样进行，寻得符合研究目的且能充分代表研究对象、提供丰富资讯的不同特质的研究样本。结合本书研究选取的评价维度的特点，专家选择的标准为：冷链物流管理工作或者相关冷链物流研究经验达到 8 年以上，且现在仍从事冷链物流管理工作的管理或科研教学的人，如：冷链物流运营主管、冷链物流研究学者等。本阶段选取的专家人数为 10 人，基本构成为 7 名业界专家与 3 名大学学者；7 名业界专家均为冷链物流企业中层管理者，其中 2 名为负责冷链物流运作流程管理的运营主管，2 名为负责客户反馈与投诉工作的客服主管，另外 3 名为负责商品的质量与安全管理的品质主管，其所任职企业均为中国物流与采购联合会冷链物流专业委员会所选出的全国 A 级综合性冷链物流服务商[①]，在全国已形成完善的

---

① 资料来源：中国物流与采购联合会冷链物流专业委员会（http://www.lenglian.org.cn/list-27）。

冷链物流服务网络；3 名大学学者均为在冷链物流服务质量研究领域的专家，具有副教授及以上职称，所工作的高校均为全国或区域范围内的一流学府。专家小组成员名单如表 3-1 所示。

表 3-1　专家小组成员名单

专家类别	编号	职务/职称	资历
业界专家	专家 A	运营主管	时任中外运冷链物流有限公司深圳公司生鲜配送项目分拣区组长，现任中外运冷链物流有限公司上海公司配送中心运营主管，负责冷链配送中心现场管理和协调工作
	专家 B	运营主管	时任九曳供应链广州生鲜集散中心收货部组长，现任九曳供应链广州生鲜集散中心运营主管，负责生鲜集散中心的现场管理与协调工作
	专家 C	客服主管	时任顺丰冷运广州公司零担冷链运输项目退货组组长，现任顺丰冷运广州公司冷链运输客服主管，负责华南区域冷链运输的客服管理工作
	专家 D	客服主管	时任夏辉物流上海公司仓储部负责人，现任夏辉物流有限公司麦当劳深圳配送项目运营主管，负责深圳区域麦当劳冷链配送项目的运营管理
	专家 E	品质主管	时任中外运冷链物流有限公司深圳公司生鲜配送项目收货组组长，现任中外运冷链物流有限公司深圳公司配送中心品质主管，负责冷链配送中心货物品质管理工作
	专家 F	品质主管	时任九曳供应链广州生鲜集散中心发货部组长，现任九曳供应链广州生鲜集散中心品质主管，负责生鲜集散中心的货物品质管理工作
	专家 G	品质主管	时任顺丰冷运广州公司零担冷链运输项目客服组组长，现任顺丰冷运广州公司品质主管，负责华南区域冷链运输的品质管理工作
大学学者	专家 H	教授	现任北京交通大学经济管理学院物流管理系教授，主要研究方向为冷链物流网络工程、供应链管理
	专家 I	教授	现任广州大学工商管理学院现代服务业研究中心教授，学科带头人，主要研究方向为冷链物流技术与运作管理
	专家 J	副教授	现任北京师范大学珠海校区物流学院副教授，主要研究方向为冷链运输规划与设计

（资料来源：本书研究整理。）

3.1.4 实施过程

在焦点团体访谈正式实施之前，先要确定参与访谈的专家和学者的名单，确定主持人即为本书的研究者，以及确定所拟定的"生鲜食品冷链物流服务质量评价指标体系的构建"访谈大纲。本书研究者以电子邮件的方式诚挚邀请专家学者，并向专家学者传达他们参与访谈对于本书研究的重要性，期望专家学者针对议题积极建言献策，以便收集到专家对于本书研究各阶段成果的意见与建议。经确认，10 名专家学者可如期出席参与访谈。

本阶段进行的焦点团体访谈实施期间，由于研究成本等多方面考虑，会议采取线上会议的方式，使用腾讯视频会议软件平台，会议时长为 2 小时。会议主持人逐一介绍参与焦点团体访谈的各成员背景，引导成员接下来针对每一个议题充分参与讨论，提供大量的信息。另外为符合研究伦理规范，在征得成员的同意下，会议对访谈过程进行全程录音，记录汇总每个成员的讨论意见。

以上研究过程及正式施测结果，将于第 4 章加以分析与讨论。

3.2 解释结构模型法的设计与实施

本节研究基于焦点团体访谈法筛选和确定生鲜食品冷链物流服务质量评价指标。因为指标选取的维度不同，评价指标之间可能存在复杂的关联，为了判断各评价指标之间的关联性，本书将运用解释结构模型法对评价指标进行分析，找出这些要素之间的关联性，构建生鲜食品冷链物流服务质量评价指标的结构模型，为计算生鲜食品冷链物流服务质量评价指标各项权重提供依据。解释结构模型法（interpretative structural modeling，ISM）把一个较为复杂的系统划分为若干个要素，借由专家意见和判断，对要素的关系进行分析，将它们之间的复杂关系简化成比较清晰的层级结构图，为有效处理研究要素较多、相互关系复杂、呈现网络结构的系统分析提供了新的解决路径（欧阳效升 等，2020；Attri et al.，2013）。以下对该阶段运用的研究方法、研究工具、专家组成以及实施步骤进行说明。

3.2.1 研究方法

解释结构模型法 ISM 是 John N. Warfield 教授于 20 世纪 70 年代年提出的，主要运用于分析复杂的社会学问题。其基本原理是把需要分析的系统，运用合并或者分解等手段，梳理出子系统或者研究要素，后针对整理出的要素之间的关系进行两两比较，将要素之间的两两关系发展成为关系矩阵与邻接矩阵，通过对邻接矩阵进行数学运算，逐步分析出研究系统的结构，得出层级结构图。相较于数学公式或者文字表达等方式，层级结构图更为直观，能够更好地反映出研究系统的本质（赵新蕊，2020）。ISM适合用于分析因素众多、关系交错、结构不清晰的系统。同时，ISM 被广泛应用在现代工程研究中，用来解决复杂环境下的社会经济问题，即较为复杂系统中多组要素组或者多个要素之间的相互影响相互依赖等关系问题（Attri et al.，2013；Kannan et al.，2009）。因此本书将利用 ISM 分析评价指标之间的关联性，获得评价指标的层级结构图，再运用 ANP 来求评价指标的优先权。

3.2.2 研究工具

本阶段运用 Excel 与 Matlab 软件作为统计与分析的工具。运用解释结构模型法进行专家问卷调查，整合专家意见，对生鲜食品冷链物流服务质量评价指标的关联性进行分析。

以焦点团体访谈法确定的生鲜食品冷链物流服务质量的评价指标为研究要素，形成生鲜食品冷链物流服务质量评价 ISM 专家问卷。问卷结果基于 Matlab 软件进行分析处理。

3.2.3 专家组成

专家组的构成原则，与焦点团体访谈法的专家组成一致，采用立意抽样的方法，专家选择对象的选取标准为：从事冷链物流管理工作或者具备相关冷链物流研究经验达到 8 年以上，且现在仍从事冷链物流管理工作的管理或科研教学。本阶段选取的专家人数为 13 人，基本构成为 9 名业界专家与 4 名大学学者；9 名业界专家均为冷链物流企业中层管理者，其中 3 名为负责冷链物流运作流程管理的运营主管，3 名为负责客户反馈与投诉工作的客服主管，另外 3 名为负责商品的质量与安全管理的品质主管，

4 名大学学者均为在冷链物流服务质量研究领域的专家。

3.2.4 实施步骤

本节 ISM 的实施流程如图 3-1 所示。

图 3-1 ISM 的实施流程

（资料来源：本书研究制作。）

3.2.4.1 确定研究要素集

ISM 的第一步是确定构成系统的各项要素，为进一步要素间的关联性研究奠定基础。对于确定系统要素集的原则来说，需要选择体现问题体系的核心要素。在本书研究中，要素集来源于上一环节中运用焦点团体访谈法后所确定的各项指标要素。

设要素集 $N = \{S_i, \ i = 1, 2, \cdots, n\}$。

3.2.4.2 构建关系矩阵

在研究要素集已确定的基础上，邀请专家组成员填写调查问卷（见附录 A），对各要素进行两两比较，为了得出因素之间的直接关系，在此阶段参考德尔菲专家咨询的技术，但是不再强调匿名反馈，若出现专家之间的不同意见，可组织专家互相交流讨论，反复演示结果，直至意见达到一致（Attri et al., 2013；Kannan et al., 2009）。

在本书研究中，设定 S_i 表示生鲜食品冷链物流服务质量评价指标要素，要素 S_i 跟要素 S_j 要比较两次，分别是要素 S_i 对要素 S_j 的直接影响以及要素 S_j 对要素 S_i 的直接影响。而要素自身则不需要比较，即矩阵的对角线上的值通常用 0 来表示。借助四种符号来表示两个要素之间存在的不同类型的关系：

用 A 表示要素 S_i 影响要素 S_j；

用 V 表示要素 S_j 影响要素 S_i；

用 X 表示要素 S_i 和要素 S_j 相互影响；

用 O 表示要素 S_i 和要素 S_j 之间没有关系。

关系表中的"影响"是指专家认为生鲜食品冷链物流服务质量评价指标要素中，某一要素能够对另一要素产生直接影响。

3.2.4.3 建立邻接矩阵

ISM 方法中关键的一步是建立要素的邻接矩阵。借由 Matlab 软件，将系统要素关系矩阵导入，后续一系列复杂工作是一个演算过程。

若关系矩阵中 (S_i, S_j) 位是 A，即邻接矩阵中 (S_i, S_j) 位用 1 表示，(S_j, S_i) 位用 0 表示；

若关系矩阵中 (S_i, S_j) 位是 V，即邻接矩阵中 (S_i, S_j) 位用 0 表示，(S_j, S_i) 位用 1 表示；

若关系矩阵中 (S_i, S_j) 位是 X，即邻接矩阵中 (S_i, S_j) 位用 1 表示，(S_j, S_i) 位也用 1 表示；

若关系矩阵中 (S_i, S_j) 位是 O，即邻接矩阵中 (S_i, S_j) 位用 0 表示，(S_j, S_i) 位也用 0 表示。

邻接矩阵 A，设 A 的元素 a_{ij}，则为 $A = (a_{ij})_{n \times n}$，即根据因素之间的可达关系有：

$$a_{ij} = \begin{cases} 1, & S_i \text{ 与 } S_j \text{ 存在直接的可达关系} \\ 0, & S_i \text{ 与 } S_j \text{ 不存在直接的可达关系} \end{cases}$$

在实际操作中，值取"1"的，代表对应两项指标之间往往具有直接因果关系。即 $a_{ij} = 1$ 代表要素 S_i 是原因，要素 S_j 是结果。

3.2.4.4 计算可达矩阵

原始邻接矩阵用 A 表示，对邻接矩阵和同阶单位矩阵 I 之和实施布尔运算，当

$$(A + i)^{k-1} \neq (A + I)^k = (A + I)^{k+1} = M(K > 1)$$

时，称 M 为邻接矩阵 A 的可达矩阵，其中 K 表示要素 S_i 到达要素 S_j 的路径长度。

3.2.4.5 构建层级结构图

通过 ISM 的运算可以获取各评价指标要素之间的层级结构图。

运算过程中，可达集用 $R(S_i)$ 表示，即受到要素 S_i 直接或间接影响的要素集合，表示为

$$R(S_i) = \{ S_j \in N \mid m_{ij} = 1 \}$$

先行集用 $A(S_i)$ 表示，即对 S_i 有直接或间接影响的要素集合，表示为

$$A(S_i) = \{ S_j \in N \mid m_{ij} = 1 \}$$

在 ISM 构建层级结构图过程中，位于最高层要素的集合来源于当要素的可达集 $R(S_i)$ 与先行集 $A(S_i)$ 的交集等于它的可达集时所提炼出的要素

集。在最高层要素确定后，将这些已定位的要素从可达矩阵中删去，重复以上过程，分别确定每次的最高层要素集，最终形成层级结构图（Attri et al.，2013；Govindan et al.，2012；Malone，1975；Mandal et al.，1994）。

通过以上研究，可以确定评价体系中评价指标间的相互关联，同时确定评价系统的层级结构图。

3.3　网络分析法的设计与实施

本节研究旨在获得生鲜食品冷链物流服务质量评价各项指标的重要性关系。基于 ISM 法获得的生鲜食品冷链物流服务质量评价指标间的关联性和层级结构，为构建科学性的生鲜食品冷链物流服务质量评价指标体系，本节研究用网络分析法获得各评价指标的权重。网络分析法（Saaty et al.，2006，2013）是一种用来分析和评价复杂系统问题的决策方法。以下就 ANP 的方法介绍、研究工具、专家组成和实施过程做说明。

3.3.1　方法介绍

网络分析法是美国 Saaty 教授于 1996 年提出的（赵新蕊，2020）。ANP 是在传统层次分析法 AHP 的基础上发展而来的，在 AHP 的运用中，并没有考虑要素之间的相互作用、相互依赖的情况，这使得其在实际问题的研究与分析中，往往不能完全使用。因为在实际问题中，要素之间往往存在一定的相互联系和影响，有时会以网络结构的形式存在。因此，ANP 是在充分考虑 AHP 原理的基础上，进一步考虑各要素间的相互关系，它常被用来解决综合评价与决策的实际问题（赵新蕊，2020；Jharkharia et al.，2007；Kheybari et al.，2020；Saaty et al.，2006，2013）。

在 ANP 研究中，将复杂系统要素划分为两部分，一部分为控制层，控制层中呈现系统总目标，还会出现目标对应的准则层。另一部分为网络层，它是由受控制层支配的要素组构成的，其内部呈现的是互相影响、反馈的网络结构。在 ANP 的研究要素之间，部分要素互相依存、互相支配，要素之间并不是相互独立的（Jharkharia et al.，2007；Kheybari et al.，2020；Saaty et al.，2006，2013；赵新蕊，2020）。

3.3.2　研究工具

本阶段采用 Excel 与 Yaanp 软件作为统计与分析工具。运用网络分析法进行专家问卷调查，整合专家意见，对生鲜食品冷链物流服务质量评价指标的重要性进行分析。

专家问卷的发展，以焦点团体访谈法确定的生鲜食品冷链物流服务质量的评价指标为研究要素，以 ISM 法中确定的指标间的关联性为基础，发展评价指标的网络结构，形成生鲜食品冷链物流服务质量评价 ANP 专家问卷（见附录 B）。问卷结果使用 Yaanp 软件进行分析处理。

3.3.3　专家组成

本书环节的专家组的构成原则，与上一阶段一致，采用立意抽样的方法，专家选择对象的标准为：从事冷链物流管理工作或者具备相关冷链物流研究经验达到 8 年以上，且现在仍从事冷链物流管理工作的管理或科研教学人员。因此，本环节的专家成员来源于解释结构模型法所构成的专家组，在与每一位专家解释本环节的研究目的和步骤后，有 12 位专家表示愿意参与本轮的研究，基本构成为 9 名业界专家与 3 名大学学者；9 名业界专家均为冷链物流企业中层管理者，其中 3 名为负责冷链物流运作流程管理的运营主管，3 名为负责客户反馈与投诉工作的客服主管，另外 3 名为负责商品的质量与安全管理的品质主管，3 名大学学者均为在冷链物流服务质量研究领域的专家。

3.3.4　实施步骤

3.3.4.1　确定控制层与网络层

根据上述对 ANP 法的原理讨论可知，ANP 中的控制层包含研究系统的总目标。本书中控制层的目标，即生鲜食品冷链物流服务质量。另外，在网络层中，需要反映元素组之间、元素组内部元素之间的关联性。本书研究中，元素组与各内部元素来源于焦点团体访谈法所确定的各项评价指标，指标之间的关联性可根据 ISM 法的研究结果作为构建依据。

3.3.4.2　构建网络结构模型

本书参考的 ANP 模型结构如图 3-2 所示。其中，本书中的一个指标维度包含的评价指标形成一个要素组，若维度内指标间存在相互影响关系，则用环形箭头表示；若维度内指标对其他维度内指标存在影响关系，则用单向直线箭头表示；若维度内指标对其他维度内指标存在相互影响关系，则用双向直线箭头表示（黄雪，2017）。借由目前 ANP 研究中较为流行的 Yaanp 软件可以构建网络结构模型，值得注意的是，在 ANP 中最关键的步骤是要素与要素之间的关系的确定。关系的确定以 ISM 得到的结果为参考依据。

3.3.4.3　构建判断矩阵

本书由于要素之间的关系极为复杂，采用间接优势度比较法构造初始判断矩阵。在要素关系分析前，需要引入一个次准则，在既定准则下分析两两要素对于该次准则的影响程度，间接优势度比较法适合用在要素间存在相互影响关系的场合（黄雪，2017；Jharkharia et al.，2007；Kheybari et al.，2020）。

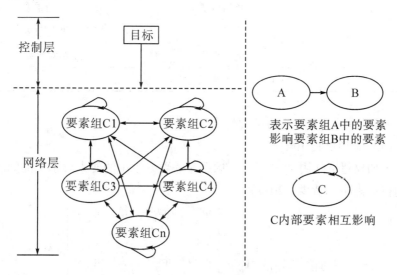

图 3-2　ANP 模型结构图

（资料来源：黄雪，2017。）

需要注意的是，在 ANP 研究中主要针对与存在影响关系、依赖关系的要素或者要素组进行对比（黄雪，2017），因此，ISM 研究的结果对本阶段研究至关重要，本书研究中的两两比较矩阵包括不同维度的指标组比较矩阵和各项评价指标比较矩阵。不同维度的指标组以控制层目标，如生鲜食品冷链物流服务质量评价，以某个维度为次准则，比较其他维度对该维度的重要性，构造判断矩阵。评价指标间的判断矩阵以维度内某评价指标为次准则，分别比较该维度组内或其他维度组内相关评价指标对该指标的重要性。本书的评价采用九级评分法，如表3-2所示。通过问卷调查方式，邀请专家给出两两比较的意见，收集专家的看法，进而分析数据，计算出了指标权重。需要注意的是，专家在两两比较的过程中，前后比较可能会发生部分逻辑错误，因此需要进行一致性检验，用CR表示。CR<0.1时，则表示一致性检验通过；反之，则不通过（黄雪，2017）。

表3-2　相对重要性等级表

相对重要程度	定义	释义
1	同等重要	i 与 j 同样重要
3	略微重要	i 比 j 略微重要
5	相当重要	i 比 j 相当重要
7	明显重要	i 比 j 明显重要
9	绝对重要	i 比 j 绝对重要
2，4，6，8	介于相邻重要程度之间	

3.3.4.4　确定评价指标的权重

（1）未加权超矩阵。

未加权超矩阵用 W 表示，反映了某一要素组中的要素对于次准则的要素的权重排序（黄雪，2017）。

$$\text{未加权超矩阵 } W_{ij} = \begin{bmatrix} W_{i1}^{(j1)} & W_{i1}^{(j2)} & \cdots & W_{i1}^{(jn_j)} \\ W_{i2}^{(j1)} & W_{i2}^{(j2)} & \cdots & W_{i2}^{(jn_j)} \\ \vdots & \vdots & \vdots & \vdots \\ W_{in_i}^{(j1)} & W_{in_i}^{(j2)} & \cdots & W_{in_i}^{(jn_j)} \end{bmatrix}$$

（2）加权超矩阵。

未加权超矩只能反映要素组内要素的重要性排序，无法看出与其他要素组内要素的重要性关系，但加权超矩阵 $\overline{W}$ 可以跨要素组分析各因素相对某次准则的权重排序（黄雪，2017）。

加权超矩阵 $\overline{W} = \overline{W}_{ij} = a_{ij} W_{ij}(i = 1, \cdots N; j = 1, \cdots, N)$

（3）极限超矩阵。

极限超矩阵反映的是各指标对目标的权重排序（黄雪，2017）。本书通过对各评价指标权重的排序可以得到生鲜食品冷链物流服务质量评价指标的重要性排序。

以上研究过程及正式施测结果，将于第4章加以分析与讨论。

4 研究结果分析与讨论

本书采取质性研究与量化研究相结合的方法，目的是构建生鲜食品冷链物流服务质量评价指标体系，具体分为三个阶段展开研究。前章已分别介绍了三个阶段的研究方法与实施步骤，本章将分别就各研究阶段的结果进行分析与讨论。

4.1 评价指标的选择与确定

本节以第 2 章文献探讨的结论为基础，以现有文献和研究成果为依据，整理分析，选取生鲜食品冷链物流服务质量评价的指标维度和评价指标，形成评价指标池，运用焦点团体访谈法，广纳专家的看法，从评价指标池中确定出生鲜食品冷链物流服务质量评价各级指标项目及指标说明，为下一个研究阶段提供研究基础。

4.1.1 评价维度的选择

本书通过相关文献研究和分析选择生鲜食品冷链物流服务质量评价指标体系的评价维度。根据第 2 章的文献探讨，关于确定评价指标的维度，不应该仅局限于单一的角度，考虑到冷链物流的特点，客户对于冷链物流服务的感知程度与服务提供商提供的冷链物流服务内容存在信息的不对称，本书将从不同视角，多个维度来构建生鲜食品冷链物流服务质量评价指标体系。通过对食品安全与生鲜食品质量的相关文献的分析与讨论，本书选择生鲜食品质量特征作为生鲜食品冷链物流服务质量评价维度之一；

通过对物流服务质量评价的相关文献分析与讨论，选择以 LSQ 模型为基础的顾客感知的服务质量作为生鲜食品冷链物流服务质量评价维度之二；通过对冷链物流服务质量的相关文献分析与讨论，选择以 HACCP 思想为基础的冷链物流质量作为生鲜食品冷链物流服务质量评价维度之三。以下将所选择的评价维度和文献来源整理汇总如表 4-1 所示。

表 4-1 生鲜食品冷链物流服务质量评价维度的汇总

评价维度	维度说明	文献来源
生鲜食品质量	生鲜食品质量是指食品产品的理化特质和最终消费者对产品的感知，主要从生鲜食品的感官质量、微生物指标、化学指标和包装因素四个方面进行评价	（张方，2016；李文斌，2021）
冷链过程质量	冷链过程质量是指生鲜食品冷链物流各环节的运作能力，是顾客无法直接感受的服务环节。基于 HACCP 管理思想，从温湿度控制、时间因素、操作规范性和设施设备因素四个方面进行评价	（唐衍军、许雯宏、李海洲等，2021a，2021b；宋宝娥，2018）
顾客感知的服务质量	顾客感知的服务质量是指顾客可以接触和直接体验的物流服务功能质量。顾客感知的服务质量从人员沟通质量、订单释放数量、信息质量、订货过程、货品准确率、货品完好程度、误差处理、时效性和服务柔性九个方面进行评价	（何耀宇、吕永卫，2012；姜武希，2011；李明会，2021；钱慧敏、董泽、曲洪建，2019；魏华、王勇、邓仲华，2016）

4.1.2 评价指标的选择

生鲜食品冷链物流服务质量评价指标体系评价指标的选择同样是基于相关文献研究和分析，以现有文献成果和启示为基础，再整理汇总而确定。

4.1.2.1 生鲜食品质量维度的评价指标

本书基于对食品安全与生鲜食品质量的相关文献的分析与讨论，选择将生鲜食品质量特征作为生鲜食品冷链物流服务质量的评价维度之一。研究围绕"生鲜食品""食品安全""生鲜食品质量""生鲜食品保质期预测"等主要关键词查询和梳理文献，集中探讨了关于影响生鲜食品腐败变质的内外因素研究以及生鲜食品保质期预测模型和指标的研究，从生鲜食品质量评价维度中，筛选出四项评价指标：感官质量、微生物指标、化学指标、包装因素。以下将所筛选的评价指标和文献来源整理汇总如表4-2所示。

表4-2　生鲜食品质量维度评价维度的汇总

评价维度	评价指标	指标说明	文献来源
生鲜食品质量	感官质量	气味判断 色泽判断 弹性判断	Ahmad（2021）；李佳（2011）；李淑芳（2016）；柳泉伟（2021）
	微生物指标	微生物检测 食品表面流行病毒检验	Man, Mohan, Siddh et al.（2017）；Qu（2015）；Srivastava, Chaudhuri & Srivastava（2015）；赵艳坤、陈贺、王帅 等（2019）；顾晔、倪峥飞、沈海丽（2019）
	化学指标	食品中所含防腐剂量检测 与食品鲜度相关的化学检测	
	包装因素	包装材料符合食品的包装要求 包装的安全与完整性	Marina & Grazia（2021）；Wang（2020）；周鹤、陈景华、韦秋林 等（2019）

4.1.2.2　冷链过程质量维度的评价指标

本书基于对冷链物流服务质量的相关理论和文献的分析与讨论，选择将冷链过程质量作为生鲜食品冷链物流服务质量的评价维度之一。研究围绕"生鲜食品冷链物流""冷链物流服务质量评价""HACCP 质量管理"等主要关键词查询和梳理文献，集中探讨了冷链物流服务质量评价指标体系构建和实证评价研究的相关成果，以 HACCP 管理思想为参考，从冷链过程质量评价维度中，筛选出四项评价指标：温湿度控制、时间因素、操作规范性、设施设备因素。以下将所筛选的评价指标和文献来源整理汇总如表4-3所示。

表 4-3　冷链过程质量维度评价维度的汇总

评价维度	评价指标	指标说明	文献来源
冷链过程质量	温湿度控制	生鲜产品已完成产地预冷，温度达到入库要求 验收作业月台的温湿度控制在规定范围内 仓储的温湿度符合货物的存储要求 分拣作业区温湿度控制在规定范围内 运输车辆车厢按要求预冷 运输过程中车厢温湿度始终在规定范围内 出库作业月台的温湿度控制在规定范围内	Chen & Huang（2015）；Mavimbe & Bjune（2016）；Shashi, Cerchione, Roberto et al.（2018）；陈红丽、栗巾瑛、刘永胜（2011）；陈红丽、栗巾瑛、芮嘉明等（2013）
	时间因素	入库作业时间在要求范围内 分拣作业时间在要求范围内 出库装车作业时间在要求范围内 车辆到达时间符合客户要求 运输路径最优、减少运输时间	Bortolini, Faccio, Ferrari et al.（2016）；山红梅、杨雪静（2020）；徐艳红（2017）；王勇、张培林（2016）；耿秀丽、谷玲玲（2020）
	操作规范性	分拣人员的操作符合规范 存储堆放方式符合货物的存放要求 确保运输过程中的行驶安全	Soto－silva, González－araya, Oliva－fernández& Plà－aragonés（2017）；洪聃（2011）
	设施设备因素	仓储设施设备的安全与卫生 分拣设备的安全与卫生 检查车辆设施的安全与卫生	Sawat（2017）；Wu, Su & Wang（2014）；李成钢（2019）；李文斌（2021）；王娟（2021）

4.1.2.3　顾客感知的服务质量的评价指标

本书基于对物流服务质量管理与评价的相关文献的分析与讨论，选择将顾客感知的服务质量作为生鲜食品冷链物流服务质量的评价维度之一。本书围绕"物流服务质量""顾客感知的物流服务""LSQ"等主要关键词查询和梳理文献，集中探讨了关于物流服务质量的评价模型及指标和物流服务质量评估方法的研究。本书以 LSQ 量表为基础，从顾客感知的服务质量评价维度中，筛选出九项评价指标：人员沟通质量、订单释放数量、信息质量、订货过程、货品精确率、货品完好程度、误差处理、时效性、服务柔性。以下将所筛选的评价指标和文献来源整理汇总如表 4-4 所示。

表 4-4　顾客感知的服务质量评价维度的汇总

评价维度	评价指标	指标说明	文献来源
顾客感知的服务质量	人员沟通质量	服务人员有足够的产品知识与经验 服务人员能够体谅顾客的处境 服务人员能够解决顾客的问题	Mentzer, Flint & Hult (2001); 薛景梅、孙安然 (2021); 贾叶子、崔亚琼、迟明 (2022); 钱慧敏、董泽、曲洪建 (2019)
	订单释放数量	能够满足顾客订单中的需求量 能够满足要求的最大订单释放量 能够满足要求的最小订单释放量	Mentzer, Flint & Hult (2001); 刘思晴、张家兴 (2021); 张其春、黄陈润 (2019); 陈红丽、栗巾瑛、芮嘉明等 (2013)
	信息质量	货物信息是可利用的 货物信息是足够多的	Mentzer, Flint & Hult (2001); 步会敏、魏敏、林娜 (2018); 洪志生、苏强、霍佳震 (2012); 范丽先、叶圆慧 (2017)
	订货过程	订购过程是高效的 订购的程序及手续是简易的	Mentzer, Flint & Hult (2001); 张其春、黄陈润 (2019); 王勇、张培林 (2016); 钱慧敏、董泽、曲洪建 (2019)
	货品准确率	出货量中错误的货品极少 出货量中不正确的数量极少 出货量中的不合格品极少	Mentzer, Flint & Hult (2001); 张宝友、杨玉香、孟丽君 (2021); 张振华、许柏鸣 (2019); 郑兵、金玉芳、董大海、刘瑞明 (2007); 陈文沛 (2014)
	货品完好程度	从配送中心收到的货物没有破损 直接从供应商收到的货物没有破损 由于运输工具发生的破损极少	Mentzer, Flint & Hult (2001); 徐广姝 (2019); 李双玉 (2022); 王家琦、张耀荔、陈静 (2013)
	误差处理	误差的修正处理令顾客满意 误差处理的报告过程令顾客满意 对误差处理报告的回复令顾客满意	Mentzer, Flint & Hult (2001); 杨凤云、苏芳、袁国辉 (2021); 林明辉(2021);蒋旋、孟凡会(2019)
	时效性	发出订单与接收交付之间的时间间隔短 在交付承诺时间到达 重置订单的时间短	Mentzer, Flint & Hult (2001); 徐广姝 (2019); 薛景梅、孙安然 (2021)
	服务柔性	企业能满足客户对物流服务的个性化需求 仓储温度可根据客户要求调整 配送运输线路可根据客户要求调整	Mentzer, Flint & Hult (2001); 田宇 (2001); 覃雪莲、刘志学 (2018); 黄永福 (2019)

4.1.3 评价指标的确定

针对初始指标池所形成的 3 项一级指标与 17 项二级指标,运用焦点团体访谈法,广纳专家的意见,从评价指标池中确定出生鲜食品冷链物流服务质量评价各级指标项目及指标说明。以下就专家意见反馈结果进行整理与分析。

4.1.3.1 一级指标项分析

基于焦点团体访谈法,专家组在有关生鲜食品冷链物流服务质量评价的各项一级指标中,均表示对三项评价指标选取的认同,未提出修改、合并与删除等意见。综合归纳各一级指标的专家反馈情况,汇总如表 4-5 所示。

表 4-5 生鲜食品冷链物流服务质量评价之一级指标项综合情况表

编号	一级指标	综合结果			
		保留	删除	合并	修正
A	生鲜食品质量	已达共识			
B	冷链过程质量	已达共识			
C	顾客感知的服务质量	已达共识			

4.1.3.2 生鲜食品质量之二级指标项分析

专家组通过焦点团体访谈,对生鲜食品冷链物流服务质量评价中生鲜食品质量维度对应的各项二级指标及指标说明提出部分修改、合并与删除等意见。各位专家的意见汇总如表 4-6 所示。

表 4-6 生鲜食品冷链物流服务质量评价中生鲜食品质量之
二级指标项专家意见汇总表

编号	二级指标	指标说明	专家意见
A_1	感官质量	气味判断 色泽判断 弹性判断	说明项中,三位专家(5、14、16)对于弹性判断提出意见,归纳修改为:触感判断
A_2	微生物指标	微生物检测 食品表面流行病毒检验	指标项中,六位专家(3、7、9、15、16、17)对 A_2 表述的准确性和可操作性提出意见,建议归纳为:A_2 与 A_3 合并,表述为:品质检测

表4-6(续)

编号	二级指标	指标说明	专家意见
A_3	化学指标	食品所含防腐剂量检测 与食品鲜度相关的化学指标检测	指标项修改建议与A_2相同； 说明项中，专家7建议增加：食品中所含农残量检测
A_4	包装因素	包装材料符合食品的包装要求 包装的安全与完整性	指标项中，四位专家（1、2、5、18）对A_4表述的准确性提出意见，建议归纳修改为：食品包装质量； 说明项中，三位专家（6、13、18）建议强调：包装在物流过程中未发生破损；两位专家（2、12）建议增加：包装的密闭性检测；三位专家（2、5、12）建议增加：包装外观保持清洁

综合归纳生鲜食品质量维度对应的各项二级指标的专家反馈情况，有部分专家针对上述二级指标及指标说明提出修改或者合并的意见，所修改指标情况汇总如表4-7所示。

表4-7 生鲜食品冷链物流服务质量评价中生鲜食品质量之
二级指标项专家意见整理表

编号	二级指标	综合结果				修正情形		新编号
		保留	删除	合并	修正	二级指标	指标说明	
A_1	感官质量	达成共识					气味判断 色泽判断 触感判断	A_1
A_2	微生物指标			V		品质检测	微生物检测 食品表面流行病毒检验 食品所含农残量检测 食品所含防腐剂量检测 与食品鲜度相关的化学指标检测	A_2
A_3	化学指标							
A_4	包装因素				V	食品包装质量	包装材料符合食品安全标准 包装在物流过程中没有发生破损 包装密闭性检测 包装外观保持清洁	A_3

4.1.3.3 冷链过程质量之二级指标项分析

专家组在焦点团体访谈中对于生鲜食品冷链物流服务质量评价中冷链过程质量维度指标对应的3项二级指标（B_2、B_3、B_4）及指标说明提出部分修改、合并与删除等意见。各位专家的意见汇总如表4-8所示。

表4-8　生鲜食品冷链物流服务质量评价中生鲜食品质量之
二级指标项专家意见汇总表

编号	二级指标	指标说明	专家意见
B_2	时间因素	入库作业时间在要求范围内 分拣作业时间在要求范围内 出库装车作业时间在要求范围内 车辆达到时间符合客户要求 运输路径与时间最优	指标项中，专家对 B_2 表述的准确性提出意见，建议归纳修改为：作业时间管理
B_3	操作规范性	分拣人员的操作符合规范 存储堆放方式符合货物的存放要求 确保运输过程中的行驶安全	说明项中，专家提出建议，归纳为增加说明：装卸搬运过程中的规范性
B_4	设施设备因素	仓储设施设备的安全与卫生 分拣设备的安全与卫生 检查车辆设施的安全与卫生	说明项中，专家提出建议，归纳为增加说明：库房区域内灭虫鼠害设施的检查

综合归纳冷链过程质量对应的各项二级指标的专家反馈情况，考虑有部分专家针对 B_2 指标提出修改的意见，所修改指标情况汇总如表4-9所示。

表4-9　生鲜食品冷链物流服务质量评价中冷链过程质量之
二级指标项专家意见整理表

编号	二级指标	综合结果				修正情形		新编号
		保留	删除	合并	修正	二级指标	指标说明	
B_1	温湿度控制	达成共识					生鲜产品入库前已完成产地预冷 验收作业月台的温湿度控制在规定范围内 仓储的温湿度符合货物的储存要求 分拣作业区温湿度控制在规定范围内 运输车辆车厢按要求预冷 运输过程中车厢温湿度始终在规定范围内 出库作业月台的温湿度控制在规定范围内	B_1
B_2	时间因素				V	作业时间管理	入库作业时间在要求范围内 分拣作业时间在要求范围内 出库装车作业时间在要求范围内 车辆达到时间符合客户要求 运输路径与时间最优	B_2

表4-9(续)

编号	二级指标	综合结果				修正情形		新编号
		保留	删除	合并	修正	二级指标	指标说明	
B_3	操作规范性	达成共识					分拣人员的操作符合规范 存储堆放方式符合货物的存放规范 装卸搬运过程中的规范性 运输过程中的行驶规范	B_3
B_4	设施设备因素	达成共识					仓储设施设备安全与卫生 库房区域内灭虫鼠害设施的检查 分拣设备的安全与卫生 运输车辆设施的安全与卫生	B_4

4.1.3.4 顾客感知的服务质量之二级指标项分析

专家组通过焦点团体访谈，对生鲜食品冷链物流服务质量评价中顾客感知的服务质量指标对应的各项二级指标及指标说明提出部分修改、合并与删除等意见。各位专家的意见汇总如表4-10所示。

表4-10 生鲜食品冷链物流服务质量评价中顾客感知的服务质量之二级指标项专家意见汇总表

编号	二级指标	指标说明	专家意见
C_1	人员沟通质量	服务人员有足够的产品知识与经验 服务人员能够体谅顾客的处境 服务人员能够解决顾客的问题	指标项中，专家5对C_2表述的准确性提出意见，建议修改成：服务人员沟通质量
C_2	订单释放数量	能够满足顾客订单中的需求量 要求的最大订单释放量能够满足 要求的最小订单释放量能够满足	指标项中，专家（3、5、6、8、10、12、17、18）对C_2提出删除或者合并的建议，认为指标内涵与C_9相似，归纳后，将该项删除，合并归类到C_9服务柔性
C_3	信息质量	产品信息是可利用的 产品信息是足够多的	指标项中，专家（11、12）对C_3表述的准确性和可操作性提出意见，建议修改成：产品信息质量； 说明项中，专家11建议增加：产品信息是符合法律规定的
C_6	货品完好程度	从配送中心收到的货物没有破损 直接从供应商收到的货物没有破损 由运输工具发生的破损极少	指标项中，专家（9、10、12、15、16、17、18）对C_6提出删除或者合并的建议，认为指标内涵与A_3有共性，且可增强可操作性，归纳意见后，将该项删除，合并归类到A_3食品包装质量

表4-10(续)

编号	二级指标	指标说明	专家意见
C_8	时效性	发出订单与接收交付之间的时间间隔短 在交付承诺时间到达 重置订单的时间短	指标项中,专家(5、9)对C_8表述的准确性提出意见,建议修改成:服务时效性
C_9	服务柔性	企业能满足客户对物流服务的个性化需求 仓储温度可根据客户要求调整 配送运输线路可根据客户要求调整	说明项中,专家(1、3)从指标的可操作性方面考虑,建议把说明项"仓储温度可根据客户要求调整"修改为:仓储温度可根据客户要求适度调节
—	—	—	新增二级指标:结合专家(1、2、5、7、10、15、16、18)意见,考虑将"数字化水平"作为顾客感知的服务质量中的二级指标项,其说明项中,强调全程温度的信息透明,运输过程的实时监控,单据的电子化以及信息共享与系统对接

综合归纳顾客感知的服务质量对应的各项二级指标的专家反馈情况,有部分专家针对上述二级指标及指标说明提出修改或者合并的意见,同时有专家对二级指标项目提出新增的建议,所修改指标情况汇总如表4-11所示。

表4-11 生鲜食品冷链物流服务质量评价中顾客感知的服务质量之二级指标项专家意见整理表

编号	二级指标	综合结果				修正情形		新编号
		保留	删除	合并	修正	二级指标	指标说明	
C_1	人员沟通质量				V	服务人员沟通质量	服务人员有足够的产品知识与经验 服务人员能够体谅顾客的处境 服务人员能够解决顾客的问题	C_1
C_2	订单释放数量	V						
C_3	信息质量				V	产品信息质量	产品信息是可利用的 产品信息是符合法律规定的 产品信息是足够多的	C_2
C_4	订货过程		达成共识				订购过程是高效的 订购的程序及手续是简易的	C_3

表4-11(续)

编号	二级指标	综合结果				修正情形		新编号
		保留	删除	合并	修正	二级指标	指标说明	
C_5	货品准确率	达成共识					出货量中错误的货品极少 出货量中不正确的数量极少 出货量中的不合格品极少	C_4
C_6	货品完好程度		V					
C_7	误差处理	达成共识					误差的修正处理令顾客满意 误差处理的报告过程令顾客满意 对误差处理报告的回复令顾客满意	C_5
C_8	时效性				V	服务时效性	发出订单与接收交付之间的时间间隔短 在交付承诺时间到达 重置订单的时间短	C_6
C_9	服务柔性	达成共识					企业能满足客户对物流服务的个性化需求 仓储温度可根据客户要求适度调节 能够满足顾客订单中的需求量 配送运输线路可根据客户要求调整	C_7
					新增	数字化水平	物流全过程温度的信息透明 运输过程的实时监控 单据的电子化 信息共享与系统对接	C_8

4.1.4 综合结果

本书通过焦点团体访谈法对评价指标池进行讨论,同时参考专家组对各项一级指标和二级指标及指标说明中的意见,最终形成本阶段研究结果,说明如下:

本书的原始问卷共分为 3 个一级指标、17 个二级指标,在进行焦点团体访谈后,3 个一级指标未发生调整,一级指标生鲜食品质量对应的 4 项二级指标中,A_2 与 A_3 项合并,对 A_4 的表述进行了修改;一级指标冷链过程质量对应的 4 项二级指标中,对 B_2 的表述进行了修改,一级指标顾客感知的服务质量维度对应的 9 项二级指标,C_2 项删除,其部分内涵与 C_9 项合并,C_6 项删除,其内涵在原 A_4 中体现,另外,对原 C_1、C_3、C_8 的表述进行了修改,同时在该维度增加一项二级指标"数字化水平"。部分二级指标所对应的指标说明也根据专家意见进行了修改。

综上,经过焦点团体访谈后最终确立的生鲜食品冷链物流服务质量评价指标如表4-12所示，其中一级指标3项，二级指标15项，其对应的指标说明共57项，该结果为后续研究指标关联性与重要性工作奠定了基础。

表4-12 生鲜食品冷链物流服务质量评价指标

一级指标	二级指标	指标说明
生鲜食品质量 A	感官质量 A_1	气味判断 色泽判断 触感判断
	品质检测 A_2	微生物检测 食品表面流行病毒检验 食品所含农残量检测 食品所含防腐剂量检测 与食品鲜度相关的化学指标检测
	食品包装质量 A_3	包装材料符合食品安全标准 包装在物流过程中没有发生破损 包装密闭性检测 包装外观保持清洁
冷链过程质量 B	温湿度控制 B_1	生鲜产品入库前已完成产地预冷 验收作业月台的温湿度控制在规定范围内 仓储的温湿度符合货物的储存要求 分拣作业区温湿度控制在规定范围内 运输车辆车厢按要求预冷 运输过程中车厢温湿度始终在规定范围内 出库作业月台的温湿度控制在规定范围内
	作业时间管理 B_2	入库作业时间在要求范围内 分拣作业时间在要求范围内 出库装车作业时间在要求范围内 车辆到达时间符合客户要求 运输路径与时间最优
	操作规范性 B_3	分拣人员的操作符合规范 存储堆放方式符合货物的存放规范 装卸搬运过程中的规范性 运输过程中的行驶规范
	设施设备因素 B_4	仓储设施设备的安全与卫生 库房区域内灭虫鼠害设施的检查 分拣设备的安全与卫生 运输车辆设施的安全与卫生

表4-12(续)

一级指标	二级指标	指标说明
顾客感知的服务质量 C	服务人员沟通质量 C_1	服务人员有足够的产品知识与经验 服务人员能够体谅顾客的处境 服务人员能够解决顾客的问题
	产品信息质量 C_2	产品信息是可利用的 产品信息是足够多的 产品信息是符合法律规定的
	订货过程 C_3	订购过程是高效的 订购的程序及手续是简易的
	货品准确率 C_4	出货量中错误的货品极少 出货量中不正确的数量极少 出货量中的不合格品极少
	误差处理 C_5	误差的修正处理令顾客满意 误差处理的报告过程令顾客满意 对误差处理报告的回复令顾客满意
	服务时效性 C_6	发出订单与接收交付之间的时间间隔短 在交付承诺时间到达 重置订单的时间短
	服务柔性 C_7	企业能满足客户对物流服务的个性化需求 仓储温度可根据客户要求适度调节 能够满足顾客订单中的需求量 配送运输线路可根据客户要求调整
	数字化水平 C_8	物流全过程温度的信息透明 运输过程的实时监控 单据的电子化 信息共享与系统对接

4.1.5 研究结果的讨论

本书通过运用焦点团体访谈法最终在原3项一级指标与17项二级指标的评价指标池中确立了一个由3项一级指标和15项二级指标,以及对应的57项指标说明所构成的生鲜食品冷链物流服务质量评价指标体系。围绕评价维度即一级指标,内容和表述没有发生变化,专家组表示了较高的、一致性的认可。关于二级指标,主要的变化是在生鲜食品质量维度中,原

"化学指标"和"微生物指标"被归纳为"品质检测";在顾客感知的服务质量维度中,删除或者合并了"订单释放数量"与"货品完好程度",增加了"数字化水平",基于原先LSQ中的9项评价指标被确定为8项评价指标,对部分指标的表述和指标说明做出了部分修改。

本阶段运用焦点团体访谈法对研究结果进行讨论,基于专家成员的看法与建议,对本书研究结果的总结提供专业客观的支持。参与本阶段访谈的专家成员共10位,均是从事冷链物流管理工作或者相关冷链物流研究经验丰富的专家学者,访谈内容为半结构式形态,访谈聚焦的主题是:对于文献研究所确定的生鲜食品冷链物流服务质量初始评价指标池的看法与建议有哪些?专家学者们根据各自的业界经验与研究专业给出丰富的观点和意见,研究者根据访谈过程中收集到的资料,就专家组的反馈进行归纳。

首先,专家组对本书研究工作中选择的三项评价维度,即生鲜食品质量维度、冷链物流过程质量维度和顾客感知的服务质量维度,再次表示了一致的认同。专家认为,现阶段围绕物流服务质量评价的研究,比较集中于从服务顾客的角度来讨论,但对于冷链物流服务质量的研究,需要考虑其物流服务的特殊性。对于顾客来说,冷链物流过程的透明度较低,顾客视角确定的指标容易忽视其冷链过程的因素,然而,冷链物流过程的质量同样是冷链物流服务质量的重要保障。同时,专家认为,本书将生鲜食品质量特征作为关键指标维度之一是十分必要的,生鲜食品具有保质期短、易受损、易腐烂等特征,食品质量的保证是服务质量成败的关键,因此评价指标维度的选择,不应该仅局限在单一的角度,应考虑到生鲜食品的特殊性以及冷链物流过程质量的重要性,从多视角来考虑生鲜食品冷链物流服务质量评价指标体系的构建。

其次,针对部分评价指标的改变,专家再次做出解释,"品质检测"指标的提出是考虑到实际评价过程或者运作过程的可操作性,把第一轮问卷中的微生物指标和理化指标进行了合并处理。本书适用的六大类生鲜食品,其腐败变质的原因是多方面的,涉及生物性因素、化学因素和物理因素,其在货架期的检测指标上均有所不同,统一从品质检测端口进行归纳,实际评价过程和管理过程再根据具体的食品特点,从物理、化学、微生物等指标情况进行判断。专家举例,对于冷鲜肉的品质检测,常用的是农残量、微生物、化学这几个指标。值得注意的是,专家对当时新冠病毒感染疫情下的生鲜食品检验也提出了建议,专家提出,食品安全成为大众非常关心的话题。新冠病毒感染疫情下，进口冷链食品被认定为病毒传播的渠道之一。在对新冠病毒的研究中发现，在温度较低的环境中，其存活的时间会变长，冷链环境为病毒提供了适合的生存环境，成为远距离传播的载体。因此，基于现阶段新冠病毒感染疫情的防控特点，在"品质检测"指标说明中，必须突出对生鲜食品表面的病毒检测。

另外，通过专家意见询问后，"数字化水平"指标被加入本书的指标体系中，在顾客感知的服务质量维度中体现，专家再次强调了数字化对于提高冷链物流企业的管理水平和服务品质的重要性。物流数字化是为了提高物流反应速度、增强物流系统的可视化程度，在物流系统中运用信息化、数字化技术对物流过程进行监控，同时对物流过程中产生的大量信息进行收集、传输、整理、查询等。专家B谈到，数字化是未来物流服务业的大势所趋。在果蔬冷链物流中，专家提到了目前运用较广的一些物流数字化技术，包括射频识别技术（RFID）、全球定位系统技术（GPS）、电子代码技术（EPC）等。专家举例，中外运冷链公司正在努力利用大数据和互联网技术改造传统物流运作模式，打造全程冷链物流。九曳供应链公司目前已经实现其采购系统、订单系统、配送系统的信息化与智能化。所有进入九曳供应链体系的商品，在信息系统中会赋予特定的编码，果蔬商品在从供应商送货到配送中心，从配送中心到达客户的过程中，商品物流信息一直处于RFID技术和GPS识别技术监控和追踪状态。同时，专家指出，新冠病毒感染疫情使得各地政府意识到数字化的重要性。在冷链物流中，对人和物的信息化管理会成为必要的环节。例如，对冷链物流人员日常的健康监管，对冷链货物的溯源管理等。可见，数字化、信息化的冷链物流供应链正成为未来冷链物流产业发展的方向。

综上，专家组对选择的评价维度和评价指标表示了认可，对部分修改的指标项进行了解释与建议，特别是在新冠病毒感染疫情背景下，强调了生鲜食品在品质检测中的特殊性，同时对冷链物流服务中的数字化建设提供了意见。专家组的反馈为本书在构建生鲜食品冷链物流服务质量评价指标体系的指标筛选与确定工作中提供了重要的参考和支持。

4.2 解释结构模型法的结果分析与讨论

本阶段研究基于焦点团体访谈后所确定的生鲜食品冷链物流服务质量评价指标，其中从三个维度，即生鲜食品质量、冷链过程质量、顾客感知的服务质量中发展出 15 项二级指标。本阶段研究以该 15 项指标作为研究对象，通过专家意见调查的方式，获得专家组对于各项指标间关系的一致意见，进而确定各指标要素的关联性，发展指标维度间与各项评价指标间的层级递阶结构与网络结构模型。研究结果作为下一步确定指标权重的研究的理论依据。本节就关于解释结构模型法所分析的评价指标关联性与结构模型结果进行分析与讨论。

4.2.1 研究结果的分析

4.2.1.1 研究要素集的确定

研究要素集来源于上一环节中运用焦点团体访谈后专家组所确定的生鲜食品冷链物流服务质量评价指标，具体分为三个维度：生鲜食品质量、冷链过程质量、顾客感知的服务质量，包括 15 项评价指标。

设要素集 $N = \{S_i, \ i = 1, 2, \cdots, 15\}$，见表 4-13。

4.2.1.2 判断矩阵的建立

在研究要素集已确定的基础上，以问卷咨询的方式邀请专家组各成员对各要素进行两两比较，得出要素之间关系的一致意见。通过两轮专家组意见反馈与集中讨论，最终选择获得一致意见的结果，判断矩阵结果如表 4-14 所示。

4.2.1.3 邻接矩阵的构建

在判断矩阵确立的基础上，构建要素的邻接矩阵 A，A 的元素 a_{ij}，$A = (a_{ij})_{n \times n}$，值取 "1" 的，代表的两者之间关系往往具有直接因果关系。邻接矩阵结果如表 4-15 所示。

表 4-13　生鲜食品冷链物流服务质量评价指标要素

评价指标	维度	要素 S_i
生鲜食品冷链物流服务质量评价	生鲜食品质量 A	感官质量 A_1
		品质检测 A_2
		食品包装质量 A_3
	冷链过程质量 B	温湿度控制 B_1
		作业时间管理 B_2
		操作规范性 B_3
		设施设备因素 B_4
	顾客感知的服务质量 C	服务人员沟通质量 C_1
		产品信息质量 C_2
		订货过程 C_3
		货品准确率 C_4
		误差处理 C_5
		服务时效性 C_6
		服务柔性 C_7
		数字化水平 C_8

表 4-14　判断矩阵

S_i	A_1	A_2	A_3	B_1	B_2	B_3	B_4	C_1	C_2	C_3	C_4	C_5	C_6	C_7	C_8
A_1	0	V	V	V	V	V	V	0	0	0	A	A	0	0	0
A_2		0	V	V	V	V	V	0	0	0	A	A	0	0	0
A_3			0	0	0	V	V	0	0	0	A	A	0	0	0
B_1				0	V	V	V	V	V	0	0	0	0	A	V
B_2					0	V	V	0	0	0	0	0	A	A	V
B_3						0	X	0	V	0	A	0	A	0	V
B_4							0	0	0	0	0	0	0	0	A
C_1								0	V	A	A	A	A	A	V
C_2									0	A	A	A	0	0	V
C_3										0	0	0	A	A	V
C_4											0	V	0	0	V
C_5												0	A	A	V
C_6													0	0	V
C_7														0	V
C_8															0

表 4-15　邻接矩阵

S_i	A_1	A_2	A_3	B_1	B_2	B_3	B_4	C_1	C_2	C_3	C_4	C_5	C_6	C_7	C_8
A_1	0	0	0	0	0	0	0	0	0	0	1	1	0	0	0
A_2	1	0	0	0	0	0	0	0	0	0	1	1	0	0	0
A_3	1	1	0	0	0	0	0	0	0	0	1	1	0	0	0
B_1	1	1	0	0	0	0	0	0	0	0	0	0	0	1	0
B_2	1	1	0	1	0	0	0	0	0	0	0	0	1	1	0
B_3	1	1	1	1	1	0	1	0	0	0	1	0	0	0	0
B_4	1	1	1	1	1	1	0	0	0	0	0	0	0	0	1
C_1	0	0	0	1	0	0	0	0	0	1	1	1	1	1	0
C_2	0	0	0	1	0	1	0	1	0	1	1	1	0	0	0
C_3	0	0	0	0	0	0	0	0	0	0	0	0	0	1	1
C_4	0	0	0	0	0	0	0	0	0	0	0	0	0	0	0
C_5	0	0	0	0	0	0	0	0	0	0	1	0	1	1	0
C_6	0	0	0	0	0	0	0	0	0	0	0	0	0	0	0
C_7	0	0	0	0	0	0	0	0	0	0	0	0	0	0	0
C_8	0	0	0	1	1	1	0	1	1	1	1	1	1	1	0

4.2.1.4　可达矩阵的计算

在邻接矩阵确立的基础上，可达矩阵可通过对邻接矩阵和同阶单位矩阵之和进行布尔运算获得。可达矩阵结果如表4-16所示。

表 4-16　可达矩阵

S_i	A_1	A_2	A_3	B_1	B_2	B_3	B_4	C_1	C_2	C_3	C_4	C_5	C_6	C_7	C_8
A_1	1	0	0	0	0	0	0	0	0	0	1	1	1	1	0
A_2	1	1	0	0	0	0	0	0	0	0	1	1	1	1	0
A_3	1	1	1	0	0	0	0	0	0	0	1	1	1	1	0
B_1	1	1	0	1	0	0	0	0	0	0	1	1	1	1	0
B_2	1	1	0	0	1	0	0	0	0	0	1	1	1	1	0
B_3	1	1	1	1	1	1	1	1	1	1	1	1	1	1	1

表4-16(续)

S_i	A_1	A_2	A_3	B_1	B_2	B_3	B_4	C_1	C_2	C_3	C_4	C_5	C_6	C_7	C_8
B_4	1	1	1	1	1	1	1	1	1	1	1	1	1	1	1
C_1	1	1	0	1	0	0	0	1	0	1	1	1	1	1	0
C_2	1	1	1	1	1	1	1	1	1	1	1	1	1	1	1
C_3	0	0	0	0	0	0	0	0	0	1	0	0	1	1	0
C_4	0	0	0	0	0	0	0	0	0	0	1	0	0	0	0
C_5	0	0	0	0	0	0	0	0	0	0	1	1	1	1	0
C_6	0	0	0	0	0	0	0	0	0	0	0	0	1	0	0
C_7	0	0	0	0	0	0	0	0	0	0	0	0	0	1	0
C_8	1	1	1	1	1	1	1	1	1	1	1	1	1	1	1

4.2.1.5 层级结构图的构建

根据可达矩阵可以计算出可达集、先行集以及可达集和先行集的交集。根据表4-17的分析，可以得到生鲜食品冷链物流服务质量评价的第一层，即表层的指标要素为货品准确率 C_4、服务时效 C_6、服务柔性 C_7。然后在可达矩阵中划去 C_4、C_6、C_7，继续依上述标准进行层层分解，最后将生鲜食品冷链物流服务质量评价指标要素划归为 7 层：$L_1 = (C_4、C_6、C_7)$，$L_2 = (C_5、C_3)$，$L_3 = (A_1)$，$L_4 = (A_2)$，$L_5 = (A_3、B_1)$，$L_6 = (B_2)$，$L_7 = (B_3、B_4、C_1、C_2、C_8)$。生鲜食品冷链物流服务质量评价指标层级结构图如图4-1所示。从整体性上来说，整个层级结构由下至上即形成了一个由原因到结果的因果系列。最下层表示根本原因，最上层表示结果要素。

4.2.1.6 指标间的关联性分析与网络结构模型

从生鲜食品冷链物流服务质量评价指标的层级结构图可以看出位于下一层次的指标对其上一层次的指标有直接或者间接影响。生鲜食品冷链物流服务质量评价指标可以分为 7 层。

表4-17 可达集合与先行集合及其交集表

编号	要素	可达集合 R	先行集合 Q	交集 $A=R\cap Q$
1	A_1	1,11,12,13,14	1,2,3,4,5,6,7,8,9,15	1
2	A_2	1,2,11,12,13,14	2,3,4,5,6,7,8,9,15	2

表4-17(续)

编号	要素	可达集合 R	先行集合 Q	交集 A=R∩Q
3	A_3	1,2,3,11,12,13,14	3,6,7,9,15	3
4	B_1	1,2,4,11,12,13,14	4,5,6,7,8,9,15	4
5	B_2	1,2,4,5,11,12,13,14	5,6,7,9,15	5
6	B_3	1,2,3,4,5,6,7,8,9,10,11,12,13,14,15	6,7,9,15	9,7,6,15
7	B_4	1,2,3,4,5,6,7,8,9,10,11,12,13,14,15	6,7,9,15	9,7,6,15
8	C_1	1,2,4,8,10,11,12,13,14	6,7,8,9,15	8
9	C_2	1,2,3,4,5,6,7,8,9,10,11,12,13,14,15	6,7,9,15	9,7,6,15
10	C_3	10,13,14	6,7,8,9,10,15	10
11	C_4	11	1,2,3,4,5,6,7,8,9,11,12,15	11
12	C_5	11,12,13,14	1,2,3,4,5,6,7,8,9,12,15	12
13	C_6	13	1,2,3,4,5,6,7,8,9,10,12,13,15	13
14	C_7	14	1,2,3,4,5,6,7,8,9,10,12,14,15	14
15	C_8	1,2,3,4,5,6,7,8,9,10,11,12,13,14,15	6,7,9,15	9,7,6,15

注：数字代表某要素，比如2代表第2个要素。

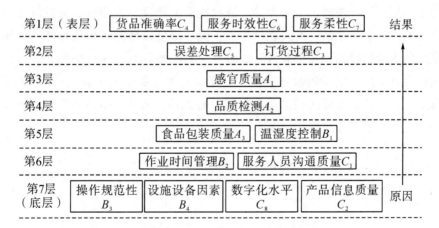

图4-1 生鲜食品冷链物流服务质量评价指标层级结构图

表层评价指标，即第 1 层评价指标，包括货品准确率、服务时效性和服务柔性。可以将这 3 个指标理解为影响生鲜食品冷链物流服务质量评价结果的直接因素，这 3 个指标同时也受到下层指标因素影响作用而实现，值得注意的是，这 3 个指标均属于顾客感知的服务质量维度。

　　中层评价指标，包括第 2~6 层的 8 项评价指标。中层评价指标对表层指标项有直接的影响，与生鲜食品冷链物流服务质量评价的结果间接相关。中层的 8 项评价指标来自 3 个不同的评价维度，同时从多层级递阶结构图中注意到，中层各指标之间存在关联性，位于下一层次的指标对其上一层次的指标有直接或者间接影响。值得关注的是，生鲜食品质量维度的 3 项评价 A_1、A_2、A_3 指标均出现在中层部分。

　　深层评价指标，即第 7 层评价指标，分别是冷链过程质量维度的操作规范性和设施设备因素指标以及顾客感知的服务质量维度的数字化水平和产品信息质量。深层评价指标对部分中层指标有直接影响，深层评价指标通过对中层评价指标间接影响表层评价指标，进而影响服务质量评价的优劣结果。可见，位于层级结构图底层的这四项指标因素是影响生鲜食品冷链物流服务质量的根本原因。

　　综合以上结果可知，当在考虑对生鲜食品冷链物流服务质量进行监控，或者对服务质量评价体系进行分析时，仅从单方面表层的顾客感知的服务质量维度去进行生鲜食品冷链物流服务质量的分析是远远不够的，而应该从生鲜食品质量和冷链过程质量的维度去分析影响顾客感知服务质量的更深层原因。同时，生鲜食品冷链物流服务质量评价指标体系的评价维度之间并不是独立的，有关联性存在，同一维度内部的评价指标和不同维度中的评价指标均存在关联性。结合专家对于指标判断矩阵的结果，可以构建生鲜食品冷链物流服务质量评价指标的网络关系图（图 4-2）。该图证实了部分评价指标间相互作用和依赖的关系，为下一步指标权证评估方法的计算提供了理论依据。

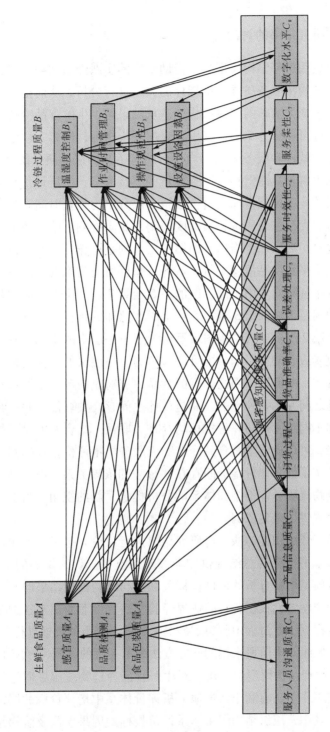

图4-2　生鲜食品冷链物流服务质量评价指标的网络结构模型

4.2.2　研究结果的讨论

本书通过运用解释结构模型法，借助专家的实践经验知识，对已确定的生鲜食品冷链物流服务质量评价指标的关系进行分析，从而把它们之间的复杂关系分解成为清晰的层级结构图。从结果看，生鲜食品冷链物流服务质量评价指标可以分为7层，其中，表层评价指标，即第1层包括货品准确率、服务时效性和服务柔性，均来自顾客感知的服务质量维度，这3个要素是影响生鲜食品冷链物流服务质量的直接因素；中层评价指标，包括第2至6层的8项评价指标，由下层至上层分别为作业时间管理、服务人员沟通质量、食品包装质量、温湿度控制、品质检测、感官质量、误差处理与订货过程；底层评价指标，即第7层分别是操作规范性、设施设备因素、数字化水平和产品信息质量。从评价指标所属的维度分布看，冷链过程质量维度指标相对集中于深层区的第5至第7层，生鲜食品质量维度指标集中于中间层区域的第3至第5层，顾客感知的指标大部分集中在上层区的第1和第2层。层级结构图表示出位于下一层次的指标对其上一层次的指标有直接或者间接影响，也可以理解为下一层次的指标是影响上一层次指标表现水平的原因。因此，生鲜食品冷链物流服务质量评价指标体系的评价维度之间并不是独立的，而是彼此之间存在关联性，同一维度中的评价指标和不同维度中的评价指标均存在关联性。结合专家对于指标判断矩阵的结果，可以构建生鲜食品冷链物流服务质量评价指标的网络关系模型，同时证实了部分评价指标间存在的影响和依赖关系。以上结果，为生鲜食品冷链物流服务评价指标体系的分析提供了新的视角，为下一节评估方法的选择提供了理论依据。

本阶段基于焦点团体访谈法对研究结果进行讨论，基于专家成员的看法与建议，对本书结果的总结提供专业客观的支持。访谈聚焦的主题是：关于解释结构模型法所分析的评价指标关联性与结构模型结果的看法与建议有哪些？专家学者们根据各自的业界经验与研究专业给出丰富的观点和意见，研究者根据访谈过程中收集到的资料，就专家组的反馈进行归纳。

首先，专家组对本阶段采用的研究方法表示一致的认同，专家H与专家I认为，将解释结构模型法运用于对生鲜食品冷链物流服务质量评价指标体系的研究工作中，有利于清晰地分析评价体系中指评价标的层级结构与网络结构。其中，层级结构图将体系评价指标的因果层次及阶梯结构清晰地呈现出来，相比文字描述、表格陈列、数学公式等方式更具直观性，能够帮助研究者更为准确地分析问题。其研究结果可作为下一步网络分析法研究指标权重的重要依据。

其次，基于评价指标间关系的两两比较获得的判断矩阵，通过布尔运算转化而得的可达矩阵，可以反映生鲜食品冷链物流服务质量评价体系中各项评价指标之间的直接和间接的影响关系。专家J表示，可达矩阵的结果可以解释不同评价维度中的评价指标之间也存在直接或者间接的影响关系，同一评价维度之间内部也存在相互的影响关系。专家F解释，生鲜食品质量维度中的感官指标、品质检测与食品包装质量水平，均对顾客感知的服务质量中的货品准确率以及误差处理能力有直接影响，因为在生鲜食品物流的收货环节，以上三者因素均是客户收验货的基本参考指标，也是判断生鲜食品质量是否达标的重要指标，任何一项因素未达到客户的收货标准，客户都可以拒收或者退换货，从而影响货品准确率以及误差处理能力。再如，冷链过程质量维度中的温湿度控制指标，专家B、专家C和专家E认为，冷链物流过程中的温湿度控制水平会直接影响到生鲜食品的质量好坏。因为生鲜食品的特殊性，物流过程中需要维持稳定的低温来保证食品的品质，任何冷链过程中出现的"断链"现象都有可能对食品质量带来危害。同时，温湿度控制能力也会直接影响顾客感知的服务质量维度中的服务柔性能力，因为客户对服务柔性的需求直接表现在仓储环节或者运输过程中的温度的多样性选择上。另外，温湿度控制能力直接受到内部维度中作业时间管理能力、操作的规范性和设施设备因素的制约，因为以上三个因素的质量表现会直接影响到冷链过程中温湿度控制情况。

最后，温湿度控制能力也受到顾客感知的服务质量维度中服务人员沟通质量水平、产品信息质量和数字化水平的影响，如服务人员与顾客的沟通过程中需要准确了解顾客对温湿度是否有特殊的要求，数字化技术可以增强对温湿度的监控能力等。专家A、专家D与专家G认为，从评价维度看，冷链过程质量直接影响生鲜食品质量的好坏，生鲜食品质量的表现又会直接影响顾客感知的物流服务质量结果。各维度中的部分指标又存在影响关系，如产品信息质量会影响温湿度控制和操作规范性，因为产品的信息是否准确或者充分，会直接影响产品温湿度的选择和操作过程中的设计，可见冷链过程质量维度与顾客感知的服务质量维度也存在相互影响的关系。从各自维度内部评价指标来看，生鲜食品质量中，食品包装质量水平会直接影响品质检测和感官质量的结果；冷链过程质量中，操作规范性与设施设备因素相互作用；顾客感知的服务质量中，服务人员的沟通质量水平会直接影响订货过程、误差处理等表现情况。以上讨论，可以充分说明，生鲜食品冷链物流服务质量评价指标体系的评价维度之间并不是独立的，有关联性存在。

另外，从本阶段的研究结果的运用看，专家 H 认为，解释结构模型法的结果，不仅能够确定生鲜食品冷链物流服务质量评价体系的指标关联性结构，为体系评价指标的权重分析提供依据，而且同样能为生鲜食品冷链物流企业进行物流服务质量管理提供重要的指导。专家 I 提出，物流服务质量是一个系统质量，它应该由组成该系统的各个要素的质量来体现，物流服务质量既包括了物流对象质量，也包括物流技术质量和物流工作质量。专家 B 与专家 J 解释，物流技术质量可以认为是物流系统各环节中，为保证物流对象商品质量的完好以及物流信息的准确收集、畅通交流而应用的各项技术的质量或者要素的质量。在本书中可以看出，位于层级结构图底层的 4 项评价指标，即操作规范性、设施设备因素、数字化水平和产品信息质量均属于物流技术要素，从 ISM 的原理解释，位于层级结构图底层的这 4 项指标因素可以理解为影响生鲜食品冷链物流服务质量的根本原因。底层评价指标对部分中层指标有直接影响，又通过对中层评价指标间接影响表层评价指标，进而影响服务质量评价的优劣结果。因此冷链物流企业管理者在物流体系设计和运营时应该关注对物流技术要素的管理，物流技术质量是保障物流服务质量的基础。另外，针对物流工作质量，专家 A 解释，物流工作质量是指物流各环节、各岗位的具体的工作质量，在本书中，位于层级结构图中层的 5 项评价指标，即作业时间管理、服务人员沟通质量、温湿度控制、误差处理和过程质量均可归纳为物流工作质量要素，这些工作质量要素对表层指标项有直接的影响，与生鲜食品冷链物流服务质量评价的结果间接相关。因此，物流企业管理者应该重点抓好工作质量，物流工作质量是物流服务质量的保证。

综上，专家组聚焦解释结构模型法所分析的评价指标关联性以及构建的评价指标结构模型展开了充分的讨论。专家组认为，将解释结构模型法运用于对生鲜食品冷链物流服务质量评价指标体系的研究工作中，通过对指标间关联性的分析，获得评价体系中指评价标的层级结构与网络结构，相较于文字、表格、数学公式等方式具有很强的直观性，能够更好地揭示出事物的本质。其研究结果可作为下一步网络分析法研究指标权重的重要依据。同时，专家组也从研究结果的运用层面提出，物流服务质量是一个系统质量，它应该由组成该系统的各个要素的质量来体现，物流服务质量既包括物流对象质量，也包括物流技术质量和物流工作质量。冷链物流企业管理者在物流体系设计和运营时不能仅仅关注与顾客感知的服务质量指标，停留在直接影响评价结果的指标因素上，而应该关注对物流技术要素的管理，物流技术质量是保障物流服务质量的基础。另外，也要抓好工作质量，物流工作质量是物流服务质量的保证。该阶段结果为生鲜食品冷链物流企业在对物流服务质量的管理中提供重要的指导。

4.3 网络分析法的结果分析与讨论

本节目的是计算生鲜食品冷链物流服务质量评价各项指标的权重，从而获得各评价维度和各评价指标间的相对重要性关系。本节基于 ISM 法对生鲜食品冷链物流服务质量评价指标间的关联性分析，构建了生鲜食品冷链物流服务质量评价指标层级结构图和网络结构模型，证实了部分评价指标间存在相互作用和影响关系，因此本节研究选用网络程序分析法（ANP）分析各评价指标的权重。以下将聚焦网络分析法所获得的评价指标项的权重结果的进行分析与讨论。

4.3.1 研究结果的分析

4.3.1.1 ANP 网络模型的构建

本书生鲜食品冷链物流服务质量评价指标体系中评价指标 ANP 模型的构成中，控制层为目标，即生鲜食品冷链物流服务质量评价，同时也作为判断准则。网络层包括三个要素集，即生鲜食品冷链物流服务质量评价的3 个维度，生鲜食品质量 A、冷链过程质量 B 和顾客感知的服务质量 C。三个要素集对应 15 个要素，分别为生鲜食品质量维度中的 3 项评价指标，冷链过程质量维度中的 4 项评价指标，顾客感知的服务质量中的 8 项评价指标。根据运用 ISM 得出的要素间关系可以确定本书中生鲜食品冷链物流服务质量评价指标 ANP 模型中网络层的关系，ANP 模型如图 4-3 所示。

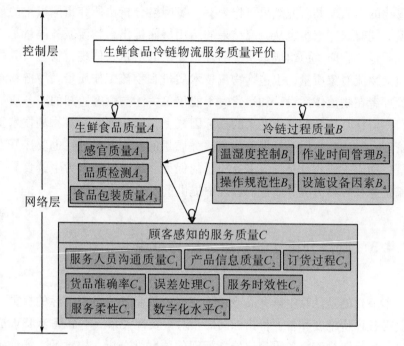

图 4-3　生鲜食品冷链物流服务质量评价指标的 ANP 模型

4.3.1.2　两两判断矩阵的构造

本书研究中两两比较的评分通过专家调查问卷法获得，研究邀请在冷链物流领域工作和研究的 12 位专家分别对问卷中各两两比较矩阵进行相对重要性评分，借由 Yaanp 软件来对结果进行运算。

本书中，比较矩阵包括评价维度比较矩阵和评价指标比较矩阵。评价维度间的比较矩阵以生鲜食品冷链物流服务质量评价为主准则，分别以每个评价维度为次准则，比较其他评价维度对该维度的重要性，构造判断矩阵，见表 4-18 至表 4-20。表 4-21 为利用 Yaanp 软件计算得出的评价维度间的加权矩阵。

表 4-18　以生鲜食品质量为次准则的要素组之间的两两比较判断矩阵

A	A	C	权重
生鲜食品质量 A	1	1/6	0.142 857
顾客感知的服务质量 C	6	1	0.857 143
CR = 0.026			

表 4-19　以冷链过程质量为次准则的要素组之间的两两比较判断矩阵

B	A	B	C	权重
生鲜食品质量 A	1	3.392 981	7.733 139	0.702 228
冷链过程质量 B	0.294 726	1	2.279 158	0.206 965
顾客感知的服务质量 C	0.129 314	0.438 759	1	0.090 808
CR = 0.065				

表 4-20　以顾客感知的服务质量为次准则的要素组之间的两两比较判断矩阵

C	B	C	权重
冷链过程质量 B	1	0.154 639	0.133 929
顾客感知的服务质量 C	6.466 667	1	0.866 071
CR = 0.052			

表 4-21　评价维度间的加权矩阵

要素组	A	B	C
生鲜食品质量 A	0.142 9	0.702 2	0.000 0
冷链过程质量 B	0.000 0	0.207 0	0.133 9
顾客感知的服务质量 C	0.857 1	0.090 8	0.866 1

　　评价指标间的判断矩阵以评价维度内某评价指标为次准则，分别比较该评价维度内或其他评价维度内相关评价指标对该指标的重要性，如表 4-22 至表 4-46 所示。

表 4-22 感官质量 A_1 准则下生鲜食品质量 A 要素组间的两两比较矩阵

A_1	A_2	A_3	权重
品质检测 A_2	1.000 0	0.411 8	0.291 7
食品包装质量 A_3	2.428 6	1.000 0	0.708 3
CR = 0.023			

表 4-23 感官质量 A_1 准则下顾客感知的服务质量 C 要素组间的两两比较矩阵

A_1	C_2	C_4	C_5	C_6	C_7	权重
产品信息质量 C_2	1.000 0	0.261 6	0.861 2	0.381 3	1.131 9	0.105 4
货品准确率 C_4	3.823 1	1.000 0	3.292 4	1.457 8	4.327 4	0.402 8
误差处理 C_5	1.161 2	0.303 7	1.000 0	0.442 8	1.314 4	0.122 4
服务时效性 C_6	2.622 5	0.685 9	2.258 4	1.000 0	2.968 4	0.276 3
服务柔性 C_7	0.883 5	0.231 1	0.760 8	0.336 9	1.000 0	0.093 1
CR = 0.034						

表 4-24 品质检测 A_2 准则下生鲜食品质量 A 要素组间的两两比较矩阵

A_2	A_1	A_3	权重
感官质量 A_1	1.000 0	2.000 0	0.666 7
食品包装质量 A_3	1/2	1.000 0	0.333 3
CR = 0.059			

表 4-25 品质检测 A_2 准则下顾客感知的服务质量 C 要素组间的两两比较矩阵

A_2	C_2	C_4	C_5	C_6	C_7	权重
产品信息质量 C_2	1.000 0	0.149 3	0.486 0	0.263 7	0.765 4	0.067 3
货品准确率 C_4	6.698 2	1.000 0	3.255 1	1.766 2	5.126 5	0.450 9
误差处理 C_5	2.057 8	0.307 2	1.000 0	0.542 6	1.574 9	0.138 5
服务时效性 C_6	3.792 4	0.566 2	1.843 0	1.000 0	2.902 6	0.255 3
服务柔性 C_7	1.306 6	0.195 1	0.634 9	0.344 5	1.000 0	0.088 0
CR = 0.056						

表 4-26　食品包装质量 A_3 准则下生鲜食品质量 A 要素组间的两两比较矩阵

A_3	A_1	A_2	权重
感官质量 A_1	1.000 0	1/3	0.250 0
品质检测 A_2	3.000 0	1.000 0	0.750 0
CR = 0.078			

表 4-27　食品包装质量 A_3 准则下顾客感知的服务质量 C 要素组间的两两比较矩阵

A_3	C_1	C_2	C_3	C_4	C_5	C_6	C_7	C_8	权重
服务人员沟通质量 C_1	1.000 0	0.358 7	0.872 6	0.152 2	0.301 7	0.238 1	0.412 8	0.627 0	0.043 4
产品信息质量 C_2	2.788 1	1.000 0	2.433 0	0.424 5	0.841 3	0.663 8	1.150 9	1.748 1	0.121 0
订货过程 C_3	1.145 9	0.411 0	1.000 0	0.174 5	0.345 8	0.272 8	0.473 0	0.718 5	0.049 8
货品准确率 C_4	6.568 4	2.355 9	5.731 9	1.000 0	1.982 0	1.563 9	2.711 3	4.118 4	0.285 2
误差处理 C_5	3.314 0	1.188 7	2.892 0	0.504 5	1.000 0	0.789 1	1.368 0	2.077 9	0.143 9
服务时效性 C_6	4.200 0	1.506 4	3.665 1	0.639 4	1.267 3	1.000 0	1.733 7	2.633 4	0.182 3
服务柔性 C_7	2.422 6	0.868 9	2.114 1	0.368 8	0.731 0	0.576 8	1.000 0	1.519 0	0.105 2
数字化水平 C_8	1.594 9	0.572 0	1.391 8	0.242 8	0.481 0	0.379 7	0.658 3	1.000 0	0.069 2
CR = 0.034									

表 4-28　温湿度控制 B_1 准则下生鲜食品质量 A 要素组间的两两比较矩阵

B_1	A_1	A_2	A_3	权重
感官质量 A_1	1.000 0	0.428 5	1.887 4	0.258 8
品质检测 A_2	2.333 6	1.000 0	4.404 5	0.604 0
食品包装质量 A_3	0.529 8	0.227 0	1.000 0	0.137 1
CR = 0.003				

表 4-29　温湿度控制 B_1 准则下顾客感知的服务质量 C 要素组间的两两比较矩阵

B_1	C_2	C_4	C_5	C_6	C_7	权重
产品信息质量 C_2	1.000 0	1.389 0	1.247 7	1.446 4	0.349 1	0.164 5
货品准确率 C_4	0.719 9	1.000 0	0.898 3	1.041 3	0.251 3	0.118 5
误差处理 C_5	0.801 5	1.113 3	1.000 0	1.159 3	0.279 8	0.131 9
服务时效性 C_6	0.691 4	0.960 3	0.862 6	1.000 0	0.241 4	0.113 8
服务柔性 C_7	2.864 5	3.978 8	3.574 0	4.143 3	1.000 0	0.471 3
CR = 0.034						

表 4-30 作业时间管理 B_2 准则下生鲜食品质量 A 要素组间的两两比较矩阵

B_2	A_1	A_2	A_3	权重
感官质量 A_1	1.000 0	0.428 5	1.887 4	0.258 8
品质检测 A_2	2.333 6	1.000 0	4.404 5	0.604 0
食品包装质量 A_3	0.529 8	0.227 0	1.000 0	0.137 1
CR = 0.045				

表 4-31 作业时间管理 B_2 准则下顾客感知的服务质量 C 要素组间的两两比较矩阵

B_2	C_2	C_4	C_5	C_6	C_7	权重
产品信息质量 C_2	1.000 0	0.281 6	0.506 3	0.120 4	0.150 1	0.046 5
货品准确率 C_4	3.550 7	1.000 0	1.797 7	0.427 5	0.533 0	0.165 2
误差处理 C_5	1.975 1	0.556 3	1.000 0	0.237 8	0.296 5	0.091 9
服务时效性 C_6	8.306 1	2.339 3	4.205 5	1.000 0	1.246 8	0.386 4
服务柔性 C_7	6.662 1	1.876 3	3.373 1	0.802 1	1.000 0	0.310 0
CR = 0.023						

表 4-32 操作规范性 B_3 准则下生鲜食品质量 A 要素组间的两两比较矩阵

B_3	A_1	A_2	A_3	权重
感官质量 A_1	1.000 0	0.630 0	0.198 4	0.131 1
品质检测 A_2	1.587 4	1.000 0	0.315 0	0.208 1
食品包装质量 A_3	5.039 7	3.174 8	1.000 0	0.660 8
CR = 0.006 5				

表 4-33 操作规范性 B_3 准则下冷链过程质量 B 要素组间的两两比较矩阵

B_3	B_1	B_2	B_4	权重
温湿度控制 B_1	1.000 0	1.587 4	0.315 0	0.208 1
作业时间管理 B_2	0.630 0	1.000 0	0.198 4	0.131 1
设施设备因素 B_4	3.174 8	5.039 7	1.000 0	0.660 8
CR = 0.056				

表 4-34　操作规范性 B_3 准则下顾客感知的服务质量 C 要素组间的两两比较矩阵

B_3	C_2	C_4	C_5	C_6	C_7	权重
产品信息质量 C_2	1.000 0	0.179 4	0.844 4	0.214 1	0.454 3	0.068 3
货品准确率 C_4	5.574 6	1.000 0	4.707 2	1.193 4	2.532 7	0.381 0
误差处理 C_5	1.184 3	0.212 4	1.000 0	0.253 5	0.538 0	0.080 9
服务时效性 C_6	4.671 3	0.838 0	3.944 4	1.000 0	2.122 3	0.319 3
服务柔性 C_7	2.201 1	0.394 8	1.858 6	0.471 2	1.000 0	0.150 4
CR = 0.034						

表 4-35　设施设备因素 B_4 准则下生鲜食品质量 A 要素组间的两两比较矩阵

B_4	A_1	A_2	A_3	权重
感官质量 A_1	1.000 0	0.630 0	0.132 3	0.098 6
品质检测 A_2	2.000 0	1.000 0	0.210 0	0.156 4
食品包装质量 A_3	3.000 0	4.762 2	1.000 0	0.745 0
CR = 0.089				

表 4-36　设施设备因素 B_4 准则下冷链过程质量 B 要素组间的两两比较矩阵

B_4	B_1	B_2	B_3	权重
温湿度控制 B_1	1.000 0	6.082 2	2.466 2	0.637 0
作业时间管理 B_2	0.164 4	1.000 0	0.405 5	0.104 7
操作规范性 B_3	0.405 5	2.466 2	1.000 0	0.258 3
CR = 0.067				

表 4-37　设施设备因素 B_4 准则下顾客感知的服务质量 C 要素组间的两两比较矩阵

B_4	C_1	C_2	C_3	C_4	C_5	C_6	C_7	C_8	权重
服务人员沟通质量 C_1	1.000 0	0.447 9	0.784 6	0.198 9	0.658 8	0.184 3	0.289 6	0.079 9	0.030 8
产品信息质量 C_2	2.232 8	1.000 0	1.751 8	0.444 1	1.470 9	0.411 6	0.646 5	0.178 4	0.068 8
订货过程 C_3	1.274 6	0.570 9	1.000 0	0.253 5	0.839 7	0.235 0	0.369 1	0.101 9	0.039 3
货品准确率 C_4	5.028 1	2.251 9	3.944 8	1.000 0	3.312 3	0.926 8	1.456 0	0.401 8	0.155 0
误差处理 C_5	1.518 0	0.679 9	1.191 0	0.301 9	1.000 0	0.279 8	0.439 6	0.121 3	0.046 8
服务时效性 C_6	5.424 9	2.429 7	4.256 2	1.078 9	3.573 7	1.000 0	1.570 9	0.433 6	0.167 2

表4-37(续)

B_4	C_1	C_2	C_3	C_4	C_5	C_6	C_7	C_8	权重
服务柔性 C_7	3.453 5	1.546 7	2.709 4	0.686 8	2.275 0	0.636 6	1.000 0	0.276 0	0.106 4
数字化水平 C_8	12.512 7	5.604 0	9.817 0	2.488 6	8.242 9	2.306 5	3.623 2	1.000 0	0.385 7
CR=0.034									

表4-38 服务人员沟通质量 C_1 准则下冷链过程质量 B 要素组间的两两比较矩阵

C_1	B_1	B_2	B_3	B_4	权重
温湿度控制 B_1	1.000 0	2.597 0	4.134 4	6.295 2	0.560 0
作业时间管理 B_2	0.385 1	1.000 0	1.592 0	2.424 0	0.215 6
操作规范性 B_3	0.241 9	0.628 1	1.000 0	1.522 6	0.135 4
设施设备因素 B_4	0.158 9	0.412 5	0.656 8	1.000 0	0.089 0
CR=0.085					

表4-39 服务人员沟通质量 C_1 准则下顾客感知的服务质量 C 要素组间的
两两比较矩阵

C_1	C_2	C_3	C_4	C_5	C_6	C_7	权重
产品信息质量 C_2	1.000 0	0.097 7	0.471 9	0.292 7	0.249 7	0.566 7	0.044 4
订货过程 C_3	10.236 9	1.000 0	4.830 9	2.996 7	2.556 3	5.801 4	0.454 1
货品准确率 C_4	2.119 0	0.207 0	1.000 0	0.620 3	0.529 2	1.200 9	0.094 0
误差处理 C_5	3.416 1	0.333 7	1.612 1	1.000 0	0.853 0	1.935 9	0.151 5
服务时效性 C_6	4.004 5	0.391 2	1.889 8	1.172 3	1.000 0	2.269 4	0.177 7
服务柔性 C_7	1.764 5	0.172 4	0.832 7	0.516 5	0.440 6	1.000 0	0.078 3
CR=0.045							

表4-40 产品信息质量 C_2 准则下冷链过程质量 B 要素组间的两两比较矩阵

C_2	B_1	B_2	B_3	B_4	权重
温湿度控制 B_1	1.000 0	3.419 3	1.751 5	4.799 8	0.482 7
作业时间管理 B_2	0.292 5	1.000 0	0.512 2	1.403 7	0.141 2
操作规范性 B_3	0.570 9	1.952 2	1.000 0	2.740 4	0.275 6
设施设备因素 B_4	0.208 3	0.712 4	0.364 9	1.000 0	0.100 6
CR=0.075					

表 4-41　产品信息质量 C_2 准则下顾客感知的服务质量 C 要素组间的两两比较矩阵

C_2	C_1	C_3	C_4	C_5	C_6	C_7	C_8	权重
服务人员沟通质量 C_1	1.000 0	1.235 8	1.760 2	6.715 9	2.713 1	4.888 9	3.750 3	0.297 1
订货过程 C_3	0.809 2	1.000 0	1.424 3	5.434 5	2.195 5	3.956 1	3.034 8	0.240 4
货品准确率 C_4	0.568 1	0.702 1	1.000 0	3.815 5	1.541 4	2.777 5	2.130 7	0.168 8
误差处理 C_5	0.148 9	0.184 0	0.262 1	1.000 0	0.404 0	0.728 0	0.558 4	0.044 2
服务时效性 C_6	0.368 6	0.455 5	0.648 8	2.475 3	1.000 0	1.801 9	1.382 3	0.109 5
服务柔性 C_7	0.204 5	0.252 8	0.360 0	1.373 7	0.555 0	1.000 0	0.767 1	0.060 8
数字化水平 C_8	0.266 6	0.329 5	0.469 3	1.790 7	0.723 4	1.303 6	1.000 0	0.079 2
CR=0.078								

表 4-42　订货过程 C_3 准则下冷链过程质量 B 要素组间的两两比较矩阵

C_3	B_1	B_2	B_3	B_4	权重
温湿度控制 B_1	1.000 0	0.446 7	1.687 0	2.595 8	0.237 2
作业时间管理 B_2	2.238 7	1.000 0	3.776 7	5.811 3	0.530 9
操作规范性 B_3	0.592 8	0.264 8	1.000 0	1.538 7	0.140 6
设施设备因素 B_4	0.385 2	0.172 1	0.649 9	1.000 0	0.091 4
CR=0.000 0					

表 4-43　订货过程 C_3 准则下顾客感知的服务质量 C 要素组间的两两比较矩阵

C_3	C_1	C_2	C_4	C_6	C_7	权重
服务人员沟通质量 C_1	1.000 0	1.914 1	3.941 3	5.439 5	7.574 7	0.478 0
产品信息质量 C_2	0.522 4	1.000 0	2.059 1	2.841 8	3.957 3	0.249 7
货品准确率 C_4	0.253 7	0.485 7	1.000 0	1.380 1	1.921 9	0.121 3
服务时效性 C_6	0.183 8	0.351 9	0.724 6	1.000 0	1.392 5	0.087 9
服务柔性 C_7	0.132 0	0.252 7	0.520 3	0.718 1	1.000 0	0.063 1
CR=0.004 5						

表 4-44　误差处理 C_5 准则下顾客感知的服务质量 C 要素组间的两两比较矩阵

C_5	C_2	C_4	C_6	C_7	权重
产品信息质量 C_2	1.000 0	0.223 0	0.216 8	0.514 6	0.083 1
货品准确率 C_4	4.484 9	1.000 0	0.972 4	2.307 8	0.372 5
服务时效性 C_6	4.612 1	1.028 4	1.000 0	2.373 2	0.383 1
服务柔性 C_7	1.943 4	0.433 3	0.421 4	1.000 0	0.161 4
CR=0.000 0					

表 4-45　数字化水平 C_8 准则下冷链过程质量 B 要素组间的两两比较矩阵

C_8	B_1	B_2	B_3	B_4	权重
温湿度控制 B_1	1.000 0	1.403 7	2.632 1	0.307 3	0.187 1
作业时间管理 B_2	0.712 4	1.000 0	1.875 1	0.218 9	0.133 3
操作规范性 B_3	0.379 9	0.533 3	1.000 0	0.116 8	0.071 1
设施设备因素 B_4	3.253 7	4.567 4	8.564 2	1.000 0	0.608 6
CR = 0.002 3					

表 4-46　数字化水平 C_8 准则下顾客感知的服务质量 C 要素组间的两两比较矩阵

C_8	C_1	C_2	C_3	C_4	C_5	C_6	C_7	权重
服务人员沟通质量 C_1	1.000 0	2.821 4	2.259 1	0.502 9	1.922 5	0.634 9	1.336 2	0.150 8
产品信息质量 C_2	0.354 4	1.000 0	0.800 7	0.178 2	0.681 4	0.225 0	0.473 6	0.053 5
订货过程 C_3	0.442 7	1.248 9	1.000 0	0.222 6	0.851 0	0.281 1	0.591 5	0.066 8
货品准确率 C_4	1.988 5	5.610 4	4.492 2	1.000 0	3.822 9	1.262 6	2.657 1	0.300 0
误差处理 C_5	0.520 2	1.467 6	1.175 1	0.261 6	1.000 0	0.330 3	0.695 0	0.078 5
服务时效性 C_6	1.575 0	4.443 6	3.558 0	0.792 0	3.027 9	1.000 0	2.104 5	0.237 6
服务柔性 C_7	0.748 4	2.111 5	1.690 6	0.376 4	1.438 7	0.475 2	1.000 0	0.112 9
CR = 0.004 5								

4.3.1.3　未加权超矩阵的计算

通过软件 Yaanp 将所有两两比较矩阵的数值输入可以计算得出生鲜食品冷链物流服务质量评价指标的未加权超矩阵，其反映了某一评价维度中的评级指标对于作为次准则的指标的重要性排序，没有影响则表示为 0，如表 4-47 所示。

4.3.1.4　加权超矩阵的计算

通过 Yaanp 软件得出的生鲜食品冷链物流服务质量评价指标的加权超矩阵，如表 4-48 所示。加权超矩阵可以跨不同评价维度分析各评价指标对某次准则的重要性排序。

4.3.1.5　极限超矩阵的计算

极限矩阵中每一列的结果反映的是相应指标对于总目标的相对重要性。通过 Yaanp 软件得出的生鲜食品冷链物流服务质量评价指标的极限超矩阵，如表 4-49 所示。

表 4-47 未加权超矩阵

评价指标	A_1	A_2	A_3	B_1	B_2	B_3	B_4	C_1	C_2	C_3	C_4	C_5	C_6	C_7	C_8
感官质量 A_1	0.000 0	0.666 7	0.250 0	0.258 8	0.258 8	0.131 1	0.098 6	0.000 0	0.000 0	0.000 0	0.000 0	0.000 0	0.000 0	0.000 0	0.000 0
品质检测 A_2	0.291 7	0.000 0	0.750 0	0.604 0	0.604 0	0.208 0	0.156 4	0.000 0	0.000 0	0.000 0	0.000 0	0.000 0	0.000 0	0.000 0	0.000 0
食品包装质量 A_3	0.708 3	0.333 3	0.000 0	0.137 1	0.137 0	0.660 8	0.745 0	0.000 0	0.000 0	0.000 0	0.000 0	0.000 0	0.000 0	0.000 0	0.000 0
温湿度控制 B_1	0.000 0	0.000 0	0.000 0	0.000 0	1.000 0	0.208 0	0.637 0	0.560 0	0.482 7	0.237 2	0.000 0	0.000 0	0.000 0	0.000 0	0.187 1
作业时间管理 B_2	0.000 0	0.000 0	0.000 0	0.000 0	0.000 0	0.131 1	0.104 7	0.215 6	0.141 2	0.530 9	0.000 0	0.000 0	0.000 0	0.000 0	0.133 3
操作规范性 B_3	0.000 0	0.000 0	0.000 0	0.000 0	0.000 0	0.000 0	0.258 3	0.135 4	0.275 6	0.140 6	0.000 0	0.000 0	0.000 0	0.000 0	0.071 1
设施设备因素 B_4	0.000 0	0.000 0	0.000 0	0.000 0	0.000 0	0.660 8	0.000 0	0.089	0.100 6	0.091 4	0.000 0	0.000 0	0.000 0	0.000 0	0.608 6
服务人员沟通质量 C_1	0.000 0	0.000 0	0.043 4	0.000 0	0.000 0	0.000 0	0.030 0	0.000 0	0.297 1	0.478 0	0.000 0	0.000 0	0.000 0	0.000 0	0.150 8
产品信息质量 C_2	0.105 4	0.067 3	0.121 0	0.164 5	0.046 5	0.068 3	0.068 4	0.044 4	0.000 0	0.249 7	0.000 0	0.083 1	0.000 0	0.000 0	0.053 5
订货过程 C_3	0.000 0	0.000 0	0.049 8	0.000 0	0.000 0	0.000 0	0.039 3	0.454 1	0.240 4	0.000 0	0.000 0	0.000 0	0.000 0	0.000 0	0.066 8
货品准确率 C_4	0.402 8	0.450 9	0.285 2	0.118 5	0.165 2	0.381 0	0.155 0	0.094 0	0.168 8	0.121 3	0.000 0	0.372 5	0.000 0	0.000 0	0.300 0
误品处理 C_5	0.122 4	0.138 5	0.143 9	0.131 9	0.091 9	0.080 9	0.046 8	0.151 5	0.044 0	0.000 0	0.000 0	0.000 0	0.000 0	0.000 0	0.078 5
服务时效性 C_6	0.276 3	0.255 3	0.182 3	0.113 8	0.386 4	0.319 3	0.167 2	0.177 7	0.109 5	0.087 9	0.000 0	0.383 1	0.000 0	0.000 0	0.237 6
服务柔性 C_7	0.093 1	0.088 0	0.105 2	0.471 3	0.310 0	0.150 4	0.106 4	0.078 3	0.060 8	0.063 1	0.000 0	0.161 4	0.000 0	0.000 0	0.112 9
数字化水平 C_8	0.000 0	0.069 2	0.069 2	0.000 0	0.000 0	0.000 0	0.385 7	0.000 0	0.079 2	0.000 0	0.000 0	0.000 0	0.000 0	0.000 0	0.000 0

表 4-48 加权超矩阵

评价指标	A_1	A_2	A_3	B_1	B_2	B_3	B_4	C_1	C_2	C_3	C_4	C_5	C_6	C_7	C_8
感官质量 A_1	0.000 0	0.095 2	0.035 7	0.181 8	0.181 8	0.092 1	0.069 1	0.000 0	0.000 0	0.000 0	0.000 0	0.000 0	0.000 0	0.000 0	0.000 0
品质检测 A_2	0.041 7	0.000 0	0.107 1	0.424 2	0.424 2	0.146 2	0.109 9	0.000 0	0.000 0	0.000 0	0.000 0	0.000 0	0.000 0	0.000 0	0.000 0
食品包装质量 A_3	0.101 2	0.047 6	0.000 0	0.096 3	0.096 3	0.464 0	0.523 2	0.000 0	0.000 0	0.000 0	0.000 0	0.000 0	0.000 0	0.000 0	0.000 0
温湿度控制 B_1	0.000 0	0.000 0	0.000 0	0.207 0	0.207 0	0.043 1	0.131 8	0.075 0	0.064 6	0.031 8	0.000 0	0.000 0	0.000 0	0.000 0	0.025 1
作业时间管理 B_2	0.000 0	0.000 0	0.000 0	0.000 0	0.000 0	0.027 1	0.021 7	0.028 9	0.018 9	0.071 1	0.000 0	0.000 0	0.000 0	0.000 0	0.017 8
操作规范性 B_3	0.000 0	0.000 0	0.000 0	0.000 0	0.000 0	0.000 0	0.053 5	0.018 1	0.036 9	0.018 8	0.000 0	0.000 0	0.000 0	0.000 0	0.009 5
设施设备因素 B_4	0.000 0	0.000 0	0.037 2	0.000 0	0.000 0	0.136 8	0.000 0	0.011 9	0.013 5	0.012 2	0.000 0	0.000 0	0.000 0	0.000 0	0.081 5
服务人员沟通质量 C_1	0.000 0	0.000 0	0.042 6	0.000 0	0.000 0	0.000 0	0.002 8	0.000 0	0.257 3	0.414 3	0.000 0	0.000 0	0.000 0	0.000 0	0.130 6
产品信息质量 C_2	0.090 3	0.057 7	0.103 8	0.014 9	0.004 2	0.006 2	0.006 2	0.038 4	0.000 0	0.216 3	0.000 0	0.071 9	0.000 0	0.000 0	0.046 3
订货过程 C_3	0.345 3	0.218 8	0.244 4	0.000 0	0.000 0	0.000 0	0.003 6	0.393 3	0.208 2	0.000 0	0.000 0	0.000 0	0.000 0	0.000 0	0.057 8
货品准确率 C_4	0.104 9	0.386 5	0.123 3	0.010 8	0.015 0	0.034 6	0.014 1	0.081 4	0.146 2	0.105 0	0.000 0	0.322 6	0.000 0	0.000 0	0.259 8
误差处理 C_5	0.236 9	0.118 7	0.156 3	0.012 0	0.008 3	0.007 4	0.004 2	0.131 3	0.038 3	0.000 0	0.000 0	0.000 0	0.000 0	0.000 0	0.068 0
服务时效性 C_6	0.079 8	0.075 4	0.090 2	0.010 3	0.035 1	0.029 0	0.015 2	0.153 9	0.094 8	0.076 1	0.000 0	0.331 8	0.000 0	0.000 0	0.205 8
服务柔性 C_7	0.000 0	0.000 0	0.059 3	0.042 8	0.028 1	0.013 7	0.009 7	0.067 8	0.052 6	0.054 7	0.000 0	0.139 8	0.000 0	0.000 0	0.097 8
数字化水平 C_8	0.000 0	0.000 0	0.000 0	0.000 0	0.000 0	0.000 0	0.035 0	0.000 0	0.068 6	0.000 0	0.000 0	0.000 0	0.000 0	0.000 0	0.000 0

表 4-49 极限超矩阵

评价指标	A_1	A_2	A_3	B_1	B_2	B_3	B_4	C_1	C_2	C_3	C_4	C_5	C_6	C_7	C_8
感官质量 A_1	0.037 9	0.037 9	0.037 9	0.037 9	0.037 9	0.037 9	0.037 9	0.037 9	0.037 9	0.037 9	0.000 0	0.037 9	0.000 0	0.000 0	0.037 9
品质检测 A_2	0.065 9	0.065 9	0.065 9	0.065 9	0.065 9	0.065 9	0.065 9	0.065 9	0.065 9	0.065 9	0.000 0	0.065 9	0.000 0	0.000 0	0.065 9
食品包装质量 A_3	0.042 5	0.042 5	0.042 5	0.042 5	0.042 5	0.042 5	0.042 5	0.042 5	0.042 5	0.042 5	0.000 0	0.042 5	0.000 0	0.000 0	0.042 5
温湿度控制 B_1	0.039 1	0.039 1	0.039 1	0.039 1	0.039 1	0.039 1	0.039 1	0.039 1	0.039 1	0.039 1	0.000 0	0.039 1	0.000 0	0.000 0	0.039 1
作业时间管理 B_2	0.021 6	0.021 6	0.021 6	0.021 6	0.021 6	0.021 6	0.021 6	0.021 6	0.021 6	0.021 6	0.000 0	0.021 6	0.000 0	0.000 0	0.021 6
操作规范性 B_3	0.012 5	0.012 5	0.012 5	0.012 5	0.012 5	0.012 5	0.012 5	0.012 5	0.012 5	0.012 5	0.000 0	0.012 5	0.000 0	0.000 0	0.012 5
设施设备因素 B_4	0.010 8	0.010 8	0.010 8	0.010 8	0.010 8	0.010 8	0.010 8	0.010 8	0.010 8	0.010 8	0.000 0	0.010 8	0.000 0	0.000 0	0.010 8
服务人员沟通质量 C_1	0.110 8	0.110 8	0.110 8	0.110 8	0.110 8	0.110 8	0.110 8	0.110 8	0.110 8	0.110 8	0.000 0	0.110 8	0.000 0	0.000 0	0.110 8
产品信息质量 C_2	0.075 7	0.075 7	0.075 7	0.075 7	0.075 7	0.075 7	0.075 7	0.075 7	0.075 7	0.075 7	0.000 0	0.075 7	0.000 0	0.000 0	0.075 7
订货过程 C_3	0.104 1	0.104 1	0.104 1	0.104 1	0.104 1	0.104 1	0.104 1	0.104 1	0.104 1	0.104 1	0.000 0	0.104 1	0.000 0	0.000 0	0.104 1
货品准确率 C_4	0.180 8	0.180 8	0.180 8	0.180 8	0.180 8	0.180 8	0.180 8	0.180 8	0.180 8	0.180 8	0.000 0	0.180 8	0.000 0	0.000 0	0.180 8
误差处理 C_5	0.061 0	0.061 0	0.061 0	0.061 0	0.061 0	0.061 0	0.061 0	0.061 0	0.061 0	0.061 0	0.000 0	0.061 0	0.000 0	0.000 0	0.061 0
服务时效性 C_6	0.151 4	0.151 4	0.151 4	0.151 4	0.151 4	0.151 4	0.151 4	0.151 4	0.151 4	0.151 4	0.000 0	0.151 4	0.000 0	0.000 0	0.151 4
服务柔性 C_7	0.072 5	0.072 5	0.072 5	0.072 5	0.072 5	0.072 5	0.072 5	0.072 5	0.072 5	0.072 5	0.000 0	0.072 5	0.000 0	0.000 0	0.072 5
数字化水平 C_8	0.013 6	0.013 6	0.013 6	0.013 6	0.013 6	0.013 6	0.013 6	0.013 6	0.013 6	0.013 6	0.000 0	0.013 6	0.000 0	0.000 0	0.013 6

通过 *Yaanp* 软件可以得出生鲜食品冷链物流服务质量评价各指标对总目标的权重，如表 4-50 所示。各评价指标的综合排序结果如图 4-4 所示。

表 4-50　要素组及各要素对总目标的权重

要素组	要素组权重	要素	要素权重
生鲜食品质量 A	0.146	感官质量 A_1	0.037 92
		品质检测 A_2	0.065 866
		食品包装质量 A_3	0.042 455
冷链过程质量 B	0.084	温湿度控制 B_1	0.039 097
		作业时间管理 B_2	0.021 578
		操作规范性 B_3	0.012 546
		设施设备因素 B_4	0.010 81
顾客感知的服务质量 C	0.77	服务人员沟通质量 C_1	0.110 763
		产品信息质量 C_2	0.075 687
		订货过程 C_3	0.104 07
		货品准确率 C_4	0.180 772
		误差处理 C_5	0.060 977
		服务时效性 C_6	0.151 368
		服务柔性 C_7	0.072 5
		数字化水平 C_8	0.013 59

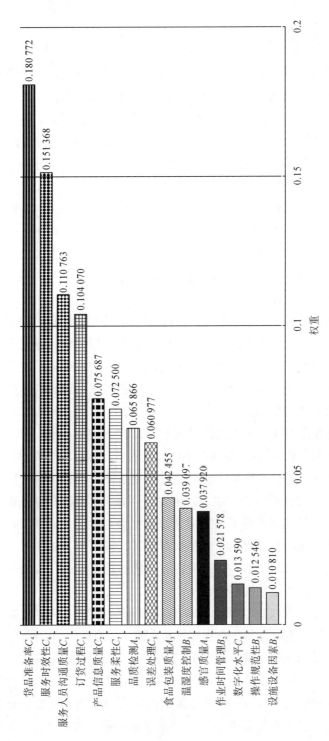

图4-4 生鲜食品冷链物流服务评价指标权重的综合排序结果

4.3.2　研究结果的讨论

本书运用网络分析法计算出生鲜食品冷链物流服务质量评价指标体系中各项评价指标的权重，从而获得各评价维度和各评价指标间的相对重要性关系。从权重结果看，三个评价维度中，顾客感知的服务质量权重最大，为 0.77，其次是生鲜食品质量，为 0.146，第三位是冷链过程质量，权重为 0.084。从 15 项评价指标的综合排序结果看，前三位分别是货品准确率（0.181）、服务时效性（0.151）、服务人员沟通质量（0.111），这三个指标均属于顾客感知的服务质量维度；排名最后三位的分别是数字化水平（0.013 6）、操作规范性（0.012 5）和设施设备因素（0.010 8），最后两项均属于冷链过程质量维度。另外，生鲜食品质量维度中的三项评级指标为排在 15 项指标中的第七位品质检测（0.065 9）、第九位食品包装质量（0.042 5）和第十一位感官质量（0.037 9）。权重结果的排序反映了在已构建的生鲜食品冷链物流服务质量评价体系中各项评价指标的重要程度。

本阶段再次基于焦点团体访谈法对研究结果进行讨论，专家成员的看法与建议对本书结果的总结提供专业客观的支持。访谈聚焦的主题是：关于网络分析法所获得的评价指标项的权重结果的看法与建议有哪些？以下就专家组的反馈进行归纳。

首先，专家组对本阶段采用的研究方法表示一致的认同，专家 I 认为，本书运用网络分析法 ANP 求得由多维度构成的各项指标的重要程度是非常恰当的，这也是本书生鲜食品冷链物流服务质量评价指标体系构建工作中的重要环节。专家 H 解释，ANP 是一种非线性结构，运用中并不强调严格的层次关系，而是充分考虑了研究要素之间的复杂关系。ANP 的特点是，当数据的收集受到限制或数据测量遇到难度时，可以参考相关人员的主观判断进行评分，因为对于某一系统中相关因素的重要性，相关领域的专业人士通常会有倾向于定性的判断。

然后，专家组对权重结果的总体情况和评价维度权重结果进行了分析。专家 J 解释，生鲜食品冷链物流服务质量评价指标体系的构建研究中，评价维度和评价指标的权重结果可以直观地反应哪几个维度或者哪几项指标在质量评价指标体系中是最为重要的。物流服务质量的评价是物流服务质量管理活动中的关键环节，评价结果的优劣可以反映企业物流服务质量管理的水平。专家 A 与专家 B 说道，ANP 法的结果呈现了各评价维度对于生鲜食品冷链物流服务质量评价的重要性排序为：顾客感知的服务质量、生鲜食品质量、冷链过程质量，可见，顾客感知的服务质量在生鲜食品冷链物流服务质量评价指标体系中是最重要的评价维度。对于物流服务质量，关键的是客户如何认识，而不只是企业对质量的解释。企业在设计质量提升方案时，应该首先从顾客感知的角度入手。物流服务质量管理的目的是提高服务质量，服务质量评价结果的解释权应该在顾客本身。以上专家的观点，充分解释了在评价指标体系中顾客感知的服务质量维度均有最大权重的原因。

但是，专家 D 也强调，生鲜食品质量和冷链过程质量两个评价维度在生鲜食品冷链物流服务质量评价指标体系中也占有一定程度的权重。专家 C 解释，物流服务质量可以理解为企业在向顾客提供物流相关服务的过程中，能够有效满足客户对物流服务的需求的程度，其中需求分为显性需求和隐性需求。在本书研究中，生鲜食品的质量属于顾客的显性需求，顾客对到货商品的感官质量评价影响对整体物流服务质量的评价，而冷链过程质量相对于顾客感知的服务质量来说属于隐性要素，在以往关于生鲜食品冷链物流服务质量评价指标体系中，往往被忽略。但是从本书 ISM 法研究的结果上看，冷链过程质量是影响生鲜食品冷链物流服务质量的根本原因，其直接影响生鲜食品在物流过程中的质量水平，进而影响服务质量整体评价的结果。专家 C 指出，冷链物流企业应该通过提高冷链过程运作管理能力，来确保生鲜食品质量达到安全标准并提高服务质量。企业冷链过程质量决定了顾客感知的服务质量的好坏，而顾客感知的服务质量是企业冷链物流过程管理质量的最终反映。因此，生鲜食品质量和企业冷链过程运作能力在对生鲜食品冷链物流服务质量评价指标体系中具有一定的地位。

接着，专家组按照评价维度分类依次对各项评级指标的重要性排序结果进行了分析与讨论。

4.3.2.1 顾客感知的服务质量维度

在顾客感知的服务质量维度中，各项指标的权重排序为：货品准确率（0.180 7）、服务时效性（0.151 3）、服务人员沟通质量（0.110 7）、订货过程（0.104 0）、产品信息质量（0.075 6）、服务柔性（0.072 5）、误差处理（0.060 9）、数字化水平（0.013 5）。需要强调的是，前六项评价指标，即货品准确率、服务时效性、服务人员沟通质量、订货过程、产品信息质量和服务柔性的权重结果也占据了综合排序的前六名，可见顾客感知的服务质量维度中的这六项评价指标的相对重要性程度较高。专家 H 讨论到，在物流服务质量研究中常用 7Rs 理论来对标服务目标，即适当的时间（right time）、适当的地点（right place）、适当的价格（right price）、适当的方式（right channel or way）、适当的顾客（right customer）、适当的产品（right product）、适当的需求（right want or wish）。在本书的评价指标中也可与相应的"right" 7 要素对应归纳。

在本书研究中，指标权重综合排名第一位的是：货品准确率，表示该指标在生鲜食品冷链物流服务质量评价指标体系中是最重要的评价指标。专家 D 认为，货品准确率体现的是 7Rs 理论中的"right product"，具体是指物流所交付给顾客的生鲜食品在名称、规格、数量等商品基本信息和到货数量是正确的（right），是符合顾客要求的。商品信息有误的食品、不合格的食品或者不正确的数量等情况是极少的。专家 F 解释道，货品准确率直接决定物流服务结果的好坏，如果货品准确率无法达到客户的要求，将会对下游客户的生产运营或者销售服务产生负面的影响，甚至带来严重的经济损失。因此，生鲜食品货品准确率是评价冷链物流服务质量结果最重要和最关键的指标。

指标权重综合排名第二位的是：服务时效性，同样表示该指标在生鲜食品冷链物流服务质量评价指标体系中是最重要的评价指标之一。专家 C 认为，服务时效性体现的是 7Rs 理论中的"right time"，指物流服务承诺交付的时间是正确的（right），是符合顾客要求的。具体是指顾客发出订单与接收交付之间的时间间隔是短的，或者顾客发出重置订单的时间是短的。专家 G 解释道，服务时效性同样也能决定物流服务结果的好坏，如果货品物流交付时间无法达到客户的要求，将会对下游客户的生产运营或者销售服务产生负面的影响，甚至带来严重的经济损失。因此，生鲜食品冷链物流服务时效性是评价冷链物流服务质量重要也是关键的指标。

指标权重综合排名第三位和第四位的分别是：服务人员沟通质量和订货过程指标，两项指标的权重结果比较接近，仅次于服务时效性指标。专家 E 认为，这两项指标在生鲜食品冷链物流服务质量评价指标体系中属于重要的评价指标。专家 C 表示，服务人员沟通和顾客订货过程在运作流程中有一定的关联性，服务人员的沟通质量会影响顾客订货过程的质量，两者可以体现为 7Rs 理论中的"right channel or way"。服务人员沟通质量是指与顾客接触的物流员工的直接服务是"right"，具体为服务人员的服务态度、所具备的专业化水平、对客户的关系程度等。订货过程是指物流企业提供的订货流程是"right"，具体表现为订购过程是高效的，订购的程序及手续是简易的。专家 I 指出，在物流订货过程和交付过程中，都会发生员工与客户的接触，此时，员工所表现出来的服务状态和水平会直接影响顾客的服务感受，例如，服务人员是否能站在客户的立场提供服务，服务态度是否是礼貌的、周到的。

指标权重综合排名第五位的是：产品信息质量，该指标仅次于订货过程指标。专家 A 认为，其在生鲜食品冷链物流服务质量评价指标体系中属于比较重要的评价指标。产品信息质量是指客户对物流服务中提供的产品信息的看法，具体为生鲜食品信息是可利用的和足够多的，同时生鲜食品的相关信息是符合法律规定的，客户可以根据所获得的信息做出决策。专家 J 指出，从 ISM 的分析结果中可以看出，产品信息质量指标位于层级结构的底层，说明该指标属于影响生鲜食品冷链物流服务质量的根本因素之一。

指标权重综合排名第六位和第八位的分别是：服务柔性、误差处理指标，这两个指标在顾客感知的服务质量维度中的权重排名分别第六位和第七位。专家 B 认为，这两个指标在生鲜食品冷链物流服务质量评价指标体系中属于一般重要的评价指标。两者可以体现的是 7Rs 理论中的"right want or wish"。服务柔性是指冷链物流企业对顾客的个性化需求的满足程度，具体为冷链物流企业能满足客户对冷链物流服务的个性化需求，如仓储温度可根据客户要求适度调节，能够满足顾客订单中的需求量，配送运输线路可根据客户要求调整等情景。专家 H 解释，从 ISM 分析中，服务柔性位于指标层级结构的表层，对服务质量评价的结果可以产生直接的影响，但是需要注意的是，服务柔性指标的实现需要多种要素的实现和保障。误差处理用于衡量物流企业员工在处理错误订单或者逆向物流时的业务质量。物流企业员工在商品订单、运输和配送等过程中难免会出现差错，其在解决货物差错问题、提交货物差错流程以及回应货物差错问题等方面的服务质量也会影响客户对物流服务质量的评价。

指标权重综合排名第十三位，顾客感知的服务质量维度中权重排名第八位的是：数字化水平指标。专家 A 和专家 H 强调，数字化指标在物流服务质量评价的研究中容易被忽略，通过本书研究的专家意见询问，专家一致认为，可将"数字化水平"加入本书研究的指标体系中，在顾客感知的服务质量维度中体现。物流数字化是为了提高物流反应速度、增强物流系统可视化程度，在物流系统中运用信息化、数字化技术对物流过程进行监控，同时对物流过程中产生的大量信息进行收集、传输、整理、查询等处理。物流数字化具体包括冷链物流全过程温度的信息透明、冷链运输过程的实时监控、单据的电子化和信息共享与系统对接等。专家 I 强调数字化对于提高冷链物流企业的管理水平和服务品质的重要性，从 ISM 分析可知，数字化位于层级结构的底层，说明该指标属于影响生鲜食品冷链物流服务质量的根本因素之一。

4.3.2.2　生鲜食品质量维度

在生鲜食品质量维度中，各项指标的权重排序为：品质检测（0.065 8）、食品包装质量（0.042 4）、感官质量（0.379 0）。专家讨论，这三项评价指标在权重的综合排名中，比较集中在相对重要性中等的区间，分别是第七位、第九位和第十一位，与 ISM 法分析出的层级结构图体现的中层指标位置相对一致。生鲜食品质量维度的内涵能够体现 7Rs 理论中的"right product"，具体从品质检测、食品包装质量和感官质量三个方面来评价。

指标权重综合排名第七位的是：品质检测，该指标在生鲜食品质量维度的权重排名是第一。专家 E 指出，生鲜食品的品质检测在服务质量评价指标体系中的重要程度不够明显，原因是该指标的评价工作发生在食品进入冷链物流系统之前和顾客交付之前，顾客感知的程度不高，但是它是生鲜食品质量评价的最重要的指标，具体包括，微生物检测、食品所含农残量检测、食品所含防腐剂量检测、与食品鲜度相关的化学指标检测以及食品表面流行病毒检验等。专家 F 强调，生鲜食品不同于一般日用商品，其具有保质期短、易受损、易腐烂等特征，生鲜食品在流通过程中的品质变化与质量安全是衡量物流服务质量的关键因素。食品流通过程中微生物的污染、温湿度的变化、气体、振动等因素都可能是影响生鲜食品变质的原因，生鲜食品质量的变化仅靠客户的直观判断是有限的，必须借助相应的检测技术来实现准确的评估。另外，专家 G 说明，生鲜食品的品质检测在冷链物流过程中每一次商品所有权或者管理权发生转移时都是有必要进行的，主要检测的环节是在生鲜食品进入冷链物流系统前和食品交付给客户前。

指标权重综合排名第九位的是：食品包装质量，该指标在生鲜食品质量维度的权重排名是第二。专家 D 指出，生鲜食品的包装质量在物流服务质量评价指标体系中容易被忽视，但是它是生鲜食品质量评价的关键指标。包装质量的评价具体包括：包装材料符合食品安全标准，包装在物流过程中没有发生破损，包装密闭性检测和包装外观保持清洁等。专家 C 强调，生鲜食品包装的主要作用体现在对食品自身品质与安全的保护和冷链物流过程中的便利性。因此，包装的科学合理性会直接影响到生鲜食品的质量可靠性，以及其能否以最佳的状态交付给顾客。

指标权重综合排名第十一位的是：感官质量，该指标在生鲜食品质量维度的权重排名是第三。专家 J 解释道，生鲜食品在交付给客户之前处于各种微生物和化学反应中。随着时间的推移，或者物流过程中的不当处理，生鲜食品的质量会产生变化，这些变化客户可以通过手的接触、眼的观察、鼻的嗅觉等感知到，因此称为感官质量，具体可以分为气味判断、色泽判断和触感判断等。专家 F 强调，不同的生鲜食品可以参照相对应的评价标准，该指标的评价难度较小。但是专家 G 指出，对于生鲜食品的质量判断，仅靠感官质量的评价是不够的，因为生鲜食品品质的变化往往无法从直接的感官评价中准确得知，所以该项指标在生鲜食品质量维度中的重要性程度较低。

4.3.2.3 冷链过程质量维度

在冷链过程质量维度中，各项指标的权重排序为：温湿度控制（0.039 0）、作业时间管理（0.021 5）、操作规范性（0.012 5）、设施设备因素（0.010 8）。专家提出，这四项评价指标在权重的综合排名中，比较集中在评价指标体系中重要性较低的位置，分别是第十位、第十二位、第十四位和第十五位，与 ISM 法分析出的层级结构图体现的深层指标集中位置相对应。专家 I 强调，ISM 分析的结果显示这四项评价指标并不是直接影响生鲜食品冷链物流服务质量评价结果优劣的判断指标。从总体上看，冷链过程质量是通过对生鲜食品质量的影响，而间接对顾客感知的服务质量产生作用，从而在生鲜食品冷链物流服务质量评价指标体系中起到基础和保障的作用，也可以说冷链过程质量是影响生鲜食品冷链物流服务质量的根本原因。各项评价指标对于客户的可接触程度偏低，因此可以理解冷链过程质量维度的各项指标的权重偏低的原因。专家 H 认为，冷链过程质量维度的内涵比较能够体现 7Rs 理论中的 "right channel or way"，具体从温湿度控制、作业时间管理、操作规范性和设施设备因素四个方面来评价。

指标权重综合排名第十位的是：温湿度控制，该指标在冷链过程质量维度的权重排名是第一，专家 F 指出，温湿度控制水平是衡量冷链物流过程质量表现的最重要指标。专家 C 强调，温度被认为是影响生鲜食品鲜度和保存时间的最重要的外部因素。生鲜食品对环境温度的变化反应敏感，因为当外部环境引起食品温度变化时，生鲜食品中酶的活性会升高，微生物会加快繁殖，食品的腐烂速度会加快。因此，保持流通过程中的低温状态，是生鲜食品物流过程中有效的保鲜手段。冷链物流中的"冷"即强调低温状态的控制，低温在降低食品生物性和非生物性反应及抑制微生物的生长繁殖方面有显著的作用，但所有的食品都可以通过冷藏保存且温度越低越好的概念是不完全正确的。如果温度控制不当，也会在一定程度上影响和破坏食品品质及其耐储性。另外，专家 E 提出，物流过程中的相对湿度也是影响生鲜食品质量变化速度的因素，因为它会影响生鲜食品中的水分含量和水分活度。水分在食品中具有重要的作用，它既是构成食品质量的要素，也是影响食品在流通中稳定性的重要因素。专家 A 提出，物流过程中温湿度的控制质量水平是反应冷链过程质量结果的主要表现，具体可以表现为生鲜产品入库前已完成产地预冷、验收作业月台的温湿度控制在规定范围、仓储的温湿度符合货物的储存要求、分拣作业区温湿度控制在规定范围、运输车辆车厢按要求预冷、运输过程中车厢温湿度始终在规定范围、出库作业月台的温湿度控制在规定范围内等情况，该指标是由其他三项指标的完成质量所决定的。专家组的讨论中建议，考虑生鲜食品冷链物流不同于传统物流的特点，应该重点强调"适合的温度"，即"right temperature"，在冷链物流服务质量中的地位，因此在经典的 7Rs 理论的基础上可以将"right temperature"作为一个新的服务目标作为补充，形成"7+1Rs"作为冷链物流服务质量管理的目标。

指标权重综合排名第十二位的是：作业时间管理，该指标在冷链过程质量维度的权重排名是第二。专家 B 指出，冷链物流作业时间管理水平是衡量冷链物流过程质量表现的重要指标。专家强调，由于生鲜食品具有保质期短的特点，较一般商品而言，物流过程时间的因素对于生鲜食品质量的影响显得尤为重要。在一定环境条件下，食品的质量随着时间的延长而逐渐下降。专家 B 举例，具有呼吸跃变的果蔬在储藏中一旦出现呼吸高峰就会迅速衰老，随后脆硬度下降，口味变差。另外，专家 J 强调，作业时间管理水平也直接影响顾客感知的服务质量中服务时效性和服务柔性的实现，具体表现在物流运营的各个环节中的时间控制，包括入库作业时间在要求范围内、分拣作业时间在要求范围内、出库装车作业时间在要求范围内、车辆达到时间符合客户要求、运输路径与时间最优等情况。

指标权重综合排名最后两位的分别是第十四位的操作规范性和第十五位的设施设备因素指标。专家 I 说道，从 ISM 分析的层级结构图中可以看出，这两项指标位于结构底层，是影响生鲜食品冷链物流服务质量的根本原因。在冷链过程质量维度中，操作规范性和设施设备因素会直接影响到温湿度的控制能力和作业时间的管理控制能力。专家 B 强调，操作规范性指标更多强调的是物流人员的在各工作环节中的操作规范性，物流行业属于劳动密集型行业，人力资源占比较大，同时其作为服务业，对人员的业务素质的要求也较高。人员对于业务流程的操作规范能力是物流高质量运营的基础。具体可以表现为分拣人员的操作符合规范、存储堆放方式符合货物的存放规范、装卸搬运过程中的规范性、运输过程中的行驶规范等，每一个评价点实际上都是对人员工作质量的考评，因此，人员是物流服务运营的主要因素，高素质员工是冷链物流企业服务高质量发展的关键。对于设施设备因素，专家 G 指出，冷链物流企业需要相应设施设备配套来实现物流服务的基本运营，设施设备的质量保证和标准也会对员工的操作规范性产生影响。对于冷链物流企业，设施设备因素是冷链物流过程质量的基础保障，因此，物流企业应该加强对设施设备的重视。具体可以表现为仓储设施设备安全与卫生、库房区域内灭虫鼠害设施的检查、分拣设备的安全与卫生、运输车辆设施安全与卫生等评价要素。专家 H 强调，操作规范性和设施设备因素是实现冷链物流质量的基础和保障。

综上，专家组聚焦网络分析法所获得的评价指标项的权重结果展开了充分的讨论，分别对 3 个评价维度和 15 项评价指标的相对重要程度和成因进行了探讨。专家组首先对使用网络分析法来确定权重关系的研究方法表示了肯定，接着，围绕评价维度的权重结果发表了各自的理解，值得注意的是，在对评价指标的权重结果和排名进行讨论时，专家借由物流服务质量中经典的 7Rs 理论，将部分评价指标的内涵进一步进行归纳解释，同时将 ISM 研究阶段所分析的结构模型作为参考，讨论了指标间相对重要性的关系。专家组建议，考虑生鲜食品冷链物流不同于传统物流的特点，应该重点强调"适合的温度",即"right temperature",在冷链物流服务质量中的地位,因此在经典的 7Rs 理论的基础上可以将"right temperature"作为一个新的服务目标进行补充,形成 7+1Rs 作为冷链物流服务质量管理的目标。冷链物流企业能在准确的时间(right time)和准确的地点(right place),控制合适的温度(right temperature),以合理的价格(right price)和恰当的方式(right channel or way),为指定的客户(right customer)提供准确的产品和服务(right product),同时满足顾客的个性化需求(right want or wish)。

本阶段的讨论为生鲜食品冷链物流企业在对生鲜食品质量安全保障和物流服务质量优化的工作中提供重要的指导意见。

5 结论与建议

本章共分为三节，第一节为结论，依据研究目的，综合讨论与分析，归纳研究结果，提出研究结论；第二节为建议，根据研究结果与分析，提出建议；第三节为未来研究方向。

5.1 结论

本书旨在构建生鲜食品冷链物流服务质量评价指标体系。首先本书以"生鲜食品冷链物流服务质量"这一研究主题展开的文献分析和探讨为理论基础，选取生鲜食品冷链物流服务质量评价的维度和评价指标，形成评价指标池；其次，运用焦点团体访谈法广纳专家的看法，从评价指标池中确定生鲜食品冷链物流服务质量评价各级指标项及指标说明；再次，运用解释结构模型法，进行评价指标间的关联性分析，确定生鲜食品冷链物流服务质量评价指标体系的结构模型；又次，运用网络程序分析法，分析生鲜食品冷链物流服务质量评价各项指标的权重，进而获得其重要性关系；最后，运用焦点团体访谈法，组织专家小组，围绕本书工作中各阶段结果展开讨论，为所构建的生鲜食品冷链物流服务质量评价指标体系进行系统性的总结。以下将研究结论阐述如下：

（1）本书所构建的生鲜食品冷链物流服务质量评价指标体系由 3 项评价维度和 15 项评价指标组成，获得专家组的高度认可，皆具重要性与一致性的适切性。

本书通过焦点团体访谈法最终从在由原 3 项一级指标与 17 项二级指标的评价指标池中确立了一个由 3 项一级指标和 15 项二级指标所构成的生鲜

食品冷链物流服务质量评价指标体系，以及各级指标的权重，如图5-1所示。

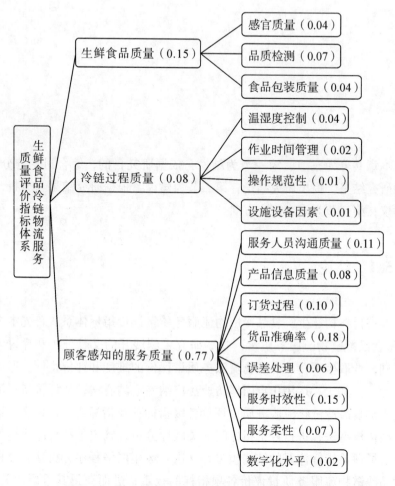

图5-1　生鲜食品冷链物流服务质量评价指标体系

生鲜食品质量维度：感官质量、品质检测和食品包装质量指标。

冷链过程质量维度：温湿度控制、作业时间管理、操作规范性和设施设备因素指标。

顾客感知的服务质量维度：服务人员沟通质量、产品信息质量、订货过程、货品准确率、误差处理、服务时效性、服务柔性和数字化水平指标。

经过向专家意见咨询后，所有评价指标均获得了专家组的认可。在对研究结果进行分析与讨论中，专家组再次解释了新增"数字化水平"指标的内涵，强调物流数字化建设对于提高冷链物流企业的管理水平和服务品质的重要性，同时，针对"品质检测"指标，专家组强调，在当时新冠病毒感染疫情蔓延的背景下，进口冷链食品被认为是可能的病毒传播渠道之一，因此现阶段生鲜食品冷链物流服务质量管理中，对于进口冷链食品的质量监控，应该加入新冠病毒检测采样工作，最大限度降低新冠病毒通过进口冷链食品输入的风险。

（2）"顾客感知的服务质量"是生鲜食品冷链物流服务质量评价指标体系中最重要的评价维度，"货品准确率"与"服务时效性"是评价指标体系中是最重要的评价指标。

本书运用网络分析法确定生鲜食品冷链物流服务质量评价指标体系中各项评价指标的权重，从而获得各评价维度和各评价指标间的相对重要性关系。从权重结果看，3个评价维度中，顾客感知的服务质量权重最大，其次是生鲜食品质量，最后是冷链过程质量。从15项评价指标的综合排序结果看，前两位分别是货品准确率、服务时效性，这两项评价指标均属于顾客感知的服务质量维度；排名最后两位的分别是操作规范性和设施设备因素，这两项评价指标均属于冷链过程质量维度。另外生鲜食品质量维度中的三项评级指标排在15项指标中的第七位（品质检测）、第九位（食品包装质量）和第十一位（感官质量）。权重结果的排序反映了在已构建的生鲜食品冷链物流服务质量评价体系中各项评价指标的重要性程度。再结合解释结构模型法的结果分析，在评价指标层级结构图中，顾客感知的评价维度中的指标项相对集中在模型的上层区间，其中货品准确率、服务时效性位于模型的表层。基于解释结构模型法的原理可知，层级结构图的上层指标是影响生鲜食品冷链物流服务质量评价结果的直接因素。

借由专家组对研究结果进行分析与讨论，本书认为，顾客感知的服务质量在生鲜食品冷链物流服务质量评价指标体系中是最重要的评价维度，其中货品准确率与服务时效性是生鲜食品冷链物流服务质量评价指标体系中是最重要的两项评价指标。货品准确率和服务时效性是直接决定物流服务结果的表现，如果货品准确率或者货品物流交付时间无法达到客户的要求，那么将会对下游客户的生产运营或者销售服务产生负面的影响，甚至带来严重的经济损失。因此，冷链物流企业应该把提高顾客感知的服务质量，以及保证生鲜食品交付准确率与服务时效性，作为其物流服务质量管理的首要目标。

（3）"冷链过程质量"是生鲜食品冷链物流服务质量保障的基础，"操作规范性""设施设备因素""数字化水平"和"产品信息质量"是影响生鲜食品冷链物流服务质量的根本因素。

本书运用解释结构模型法对生鲜食品冷链物流服务质量评价指标的关系进行分析，从而把它们之间的复杂关系分解成为一目了然的层级结构图。从结果看，生鲜食品冷链物流服务质量评价指标可以分为7层，其中，表层评价指标包括货品准确率、服务时效性和服务柔性，均来自顾客感知的服务质量维度；中层评价指标由下层至上层分别为作业时间管理、服务人员沟通质量、食品包装质量、温湿度控制、品质检测、感官质量、误差处理与订货过程；底层评价指标分别是操作规范性、设施设备因素、数字化水平和产品信息质量。从评价指标所属的维度分布看，冷链过程质量维度指标相对集中于深层区，生鲜食品质量维度指标集中于中间层区域，顾客感知的指标大部分集中在上层区。基于解释结构模型法的原理可知，层级结构图的深层指标是影响生鲜食品冷链物流服务质量的主要原因，其中最底层指标是影响生鲜食品冷链物流服务质量的根本原因。底层评价指标对部分中间层指标有直接影响，又通过对中间层评价指标间接影响表层评价指标，进而影响服务质量评价的优劣结果。

借由专家组对研究结果进行分析与讨论，本书认为，冷链过程质量是影响生鲜食品冷链物流服务质量的主要原因，冷链过程质量会直接影响生鲜食品质量的结果，间接影响顾客感知的服务质量评价，从而对生鲜食品冷链物流服务质量评价的结果产生作用。其中，操作规范性、设施设备因素、数字化水平和产品信息质量是影响生鲜食品冷链物流服务质量的根本因素。在专家组讨论中，将操作规范性、设施设备因素、数字化水平和产品信息质量归属于物流技术要素。物流技术质量可以被认为是物流系统各环节中，为保证物流对象商品质量的完好以及物流信息的准确收集、畅通交流而应用的各项技术质量或者要素的质量。因此，物流企业在生鲜食品冷链物流体系设计和运营管理中应该重视冷链过程质量和物流技术要素质量的管理，冷链过程质量和物流技术质量是实施生鲜食品冷链物流服务质量管理的保障与基础。

5.2 建议

基于"生鲜食品冷链物流服务质量评价指标体系的构建"的研究结论，本书从服务质量管理的视角对冷链物流企业在生鲜食品冷链物流服务质量管理工作提出建议。一方面，希望本书的研究有助于企业在生鲜食品冷链物流服务质量管理中明确管理目标；另一方面，希望本书的研究有助于企业发现物流服务过程中的问题，明确改进的重点，为冷链物流企业设计符合自身发展需要的质量管理模式贡献智力支持。同时，希望本书的研究能为行业协会及监管部门判定当前生鲜食品冷链物流服务质量水平提供借鉴，为保障生鲜食品在流通过程中的安全、质量以及为降低生鲜食品在流通过程中的损耗率做出贡献。具体建议如下：

5.2.1 从多维度、多视角构建生鲜食品冷链物流服务质量评价指标体系

物流服务质量评价指标的设计是企业进行物流服务质量评价的基本前提，指标体系的确定是质量评价工作的核心环节，全面、合理的指标体系是保证质量评价结果全面性和客观性的关键所在。研究发现，现阶段围绕物流服务质量评价的研究，比较集中于从服务顾客的角度来讨论，但对于冷链物流服务质量的研究，需要考虑其物流服务的特殊性。冷链物流过程基于顾客视角其透明度较低，顾客视角确定的指标容易忽视其冷链过程的因素，然而，冷链物流过程的质量是冷链物流服务质量的重要保障。同时，将生鲜食品质量特征作为关键指标维度之一是十分必要的，生鲜食品具有保质期短、易受损、易腐烂等特征，食品质量的保证是服务质量优劣的关键，因此，冷链物流企业在对物流服务质量进行评价时，评价指标的选择不应该仅局限于单一的角度，考虑到生鲜食品的特殊性以及冷链物流过程质量的重要性，应从多维度、多视角来考虑生鲜食品冷链物流服务质量评价指标体系的构建，以提高质量评价结果的全面性和客观性。

5.2.2 以"7+1Rs"作为生鲜食品冷链物流服务质量管理的目标

本书在对评价指标的权重结果进行讨论时，专家组借由物流服务质量

中经典的 7Rs 理论，将本书的各项评价指标的内涵进行匹配、归纳、解释。研究建议，考虑生鲜食品冷链物流不同于传统物流的特点，温湿度控制水平是衡量冷链物流过程质量表现的重要指标，应该重点强调"适合的温度"，即"right temperature"在冷链物流服务质量中的地位，因此冷链物流企业在确定生鲜食品冷链物流服务质量管理的目标时，在参考在 7Rs 理论的基础上，可以将"right temperature"作为一个新的服务目标进行补充。以"7+1Rs"作为生鲜食品冷链物流服务质量管理的目标，即冷链物流企业能在准确的时间（right time）和准确的地点（right place），控制合适的温度（right temperature），以合理的价格（right price）和恰当的方式（right channel or way），为指定的客户（right customer）提供准确的产品和服务（right product），同时满足顾客的个性化需求（right want or wish）。

5.2.3 优化冷链物流标准化操作流程（SOP）以提升冷链过程质量

本书发现，在生鲜食品冷链物流服务质量评价维度中，冷链过程质量是影响生鲜食品冷链物流服务质量的主要原因。冷链过程质量会直接影响生鲜食品质量的结果，进而影响顾客感知的服务质量，从而对生鲜食品冷链物流服务质量评价的结果产生作用。其中，操作规范性是影响生鲜食品冷链物流服务质量的根本因素。因此，物流企业可以通过优化冷链物流标准化操作流程（SOP）来提升冷链过程质量。

冷链物流中各个操作环节的 SOP 设计与实施，以及有效的监督，才会实现整个物流系统运行的高效，服务质量水平的提升。通过冷链操作标准的约束能有效地控制各环节的工作质量，促进冷链物流的高质量发展。因此，冷链物流标准化操作流程（SOP）的优化对于规范冷链物流过程质量、保障生鲜食品质量安全发挥着重要的作用。

5.2.4 加强物流数字化的建设以提高冷链物流管理水平

通过向专家询问意见，专家一致同意将"数字化水平"加入本书顾客感知的服务质量维度。研究发现，数字化水平指标属于影响生鲜食品冷链物流服务质量的根本因素之一。可见，物流数字化建设对于提高冷链物流企业的管理水平和服务品质的重要性。从顾客角度分析，冷链物流客户更希望知道生鲜食品的来源、贮存温度、生产及销售的日期、最佳食用期等，对冷链物流进行数字化管理可以满足顾客的需求。通过冷链物流数字化建设，将生鲜食品从供应地到消费者的全过程、全环节进行连接，创建食品安全信息可追溯系统，构建从"原产地田头"到"消费者舌头"的全过程控制管理体系，提升生鲜食品在流通过程中的可视化管理水平。因此，生鲜食品冷链物流数字化对于食品安全的保障发挥重要的作用。

研究建议，冷链物流企业应该加强物流管理数字化建设，将大数据技术、云计算等新型互联网技术与传统的 RFID、GPS、通信网络深度结合。在冷链仓储管理中，大数据和云计算技术能提高仓储自动化管理水平。例如，在生鲜品托盘上和包装上贴上 RFID 标签，在冷库出入口处安装智能读取装置，尽可能地减少人工操作环节，缩短出入库作业时间，进而提高作业效率。同时注重对在库货物的信息数据收集，结合大数据和云计算等，优化库存订货算法和库存盘点计划，加快物流系统的整体反应速度。另外，大数据和云计算等技术的运用可以有助于提高库存自动化管理水平，提高仓储作业管理效率、降低库存管理成本。对于冷链运输，大数据和云计算等技术的嵌入，有助于提高生鲜食品运输效率。一方面，可以提升生鲜食品冷链运输车辆调度的准确率，从而提高运输效率，尽量避免无效运输。另一方面，对运输中的生鲜食品状态实施动态监控，保证其质量与安全。

5.3　未来研究方向

本书所构建的生鲜食品冷链物流服务质量评价指标体系，希望能为认识和评价生鲜食品冷链物流服务质量的内涵及其表现，提供一个概念框架。

首先，本书中的"生鲜食品"，是基于生鲜食品的特征和共性进行分析和归纳后限定的六大类常见食品：新鲜水果、蔬菜、肉类、水产品、乳制品和速冻食品。但是需要强调的是，每一项食品的分类明确到具体的生鲜单品，其表现出来的质量特征都是有差异的，特别是不同生鲜食品对储存温度、包装质量的要求都不同，检测指标也有相对应的标准。因此，未来研究中，可以将生鲜食品的类别再次细分，针对具体的生鲜食品类别或者具体的生鲜单品，进行食品质量的评价分析，从而对其物流服务质量评价指标进行优化研究。

其次，本书的"冷链物流"，基于冷链物流的特点与构成进行分析和归纳，适用于生鲜食品冷链物流服务商所围绕物流配送中心开展的包括低温储存、冷藏运输、冷藏配送一系列物流服务，具有一般性和普遍性的特点。但是在冷链物流运营中，基于不同生鲜食品供应链的特点，或者不同顾客对于服务流程的个性化需求，所呈现出来的冷链物流模式有所差异。因此，未来的研究中，可针对某一类具体的生鲜食品或者某一种特定的物流服务模式，进行冷链物流过程质量的评价分析，从而对其物流服务质量评价指标进行设计与改进。

另外，未来的研究中，可以选择冷链物流行业中有代表性的企业，基于本书研究成果的运用，对企业顾客满意度进行实证研究，分析评价指标体系中，各评价指标对企业顾客满意度的影响，从而对其冷链物流服务质量进行分析和改进，以提高顾客的满意度与忠诚度。

参考文献

中文文献

于舒婷, 2010. 大型超市生鲜食品直采模式研究 [J]. 经济研究导刊, 105 (31): 233-234.

于露, 2019. 我国生鲜电商发展现状及趋势研究 [J]. 物流工程与管理, 41 (5): 3.

山红梅, 杨雪静, 2020. 基于云模型-IAHP 的生鲜农产品冷链物流服务水平评估 [J]. 公路交通科技, 12: 1.

王可山, 2020. 网购食品消费者选择行为的影响因素 [J]. 中国流通经济, 34 (1): 9.

王旭磊, 王丽娜, 王霄, 等, 2021. 电子商务物流配送服务的评价分析及提升策略 [J]. 物流工程与管理, 43 (4): 6-9.

王勇, 张培林, 2016. 产业融合下冷链物流服务质量评价实证 [J]. 中国流通经济, 30 (4): 33-39.

王娟, 2021. 基于区块链技术的冷链物流信息化建设初探 [J]. 大众标准化, 359 (24): 43-45.

王家琦, 张耀荔, 陈静, 2013. B2C 网络购物模式下物流服务质量与顾客满意的关系研究 [J]. 中国商贸, 564 (1): 112-114.

王梓萌, 周亦鹏, 苏兵杰, 2020. 基于用户评论下的生鲜农产品优选排序 [J]. 江苏农业科学, 48 (3): 6.

王叶婷, 鞠国泉, 2019. 基于 HACCP 体系的生鲜果蔬冷链物流安全影响因素研究 [J]. 河北企业, 12 (3): 2.

王鑫春, 李颜霞, 2020. 生鲜食品冷链物流发展现状探究: 评《食品物流学》[J]. 中国酿造, 39 (10): 1.

丘祝强, 谢如鹤, 林朝朋, 2007. 广州地区生鲜农产品销售物流安全现状分析 [J]. 广东农业科学 (7): 3.

田宇, 2001. 论物流服务质量管理: 兼与王之泰教授商榷 [J]. 物流科技, 12 (2): 3-8.

田杨燊, 2008. 浅谈超市生鲜食品安全风险分析 [J]. 今日科苑, 150 (4): 295.

安育贤, 2021. 基于文本分析的物流服务质量评价方法研究 [J]. 中国市场, 1090 (27): 148-149.

朱庆华, 梦非, 吴克文, 等, 2011. 基于 SSME 信息资源电子服务研究 [J]. 中国图书馆学报, 37 (6): 37-42.

朱磊, 赵迪, 2011. 超市经营生鲜食品质量安全探析 [J]. 企业活力, 313 (3): 43-47.

何耀宇, 吕永卫, 2012. 物流服务质量影响因素与顾客忠诚度 [J]. 中国流通经济, 26 (7): 79-82.

余云龙, 冯颖, 2021. 不同冷链服务模式下生鲜农产品供应链决策 [J]. 中国管理科学, 29 (9): 9.

吴金南, 尚慧娟, 2014. 物流服务质量与在线顾客忠诚: 个体差异的调节效应 [J]. 软科学, 28 (6): 113-116.

吴建祖, 张兴华, 陆俊杰, 2009. 服务科学、管理与工程 (SSME) 学科体系构建 [J]. 中国科技论坛, 153 (1): 21-25.

吴传淑, 2015. 中美农产品冷链物流对比 [J]. 世界农业, 435 (7): 4.

宋宝娥, 2018. 控制图在生鲜食品冷链质量安全管理中的应用研究: 以乳制品冷链为例 [J]. 中国乳品工业, 46 (9): 42-46.

李天奇, 2016. 生鲜食品保鲜物流系统的研究及市场前景分析 [J]. 食品研究与开发, 37 (18): 4.

李文斌, 2021. 生鲜食品的冷链物流体系建设: 评《农产品物流与供应链管理》[J]. 食品工业, 42 (1): 1.

李成钢, 2019. 构建农产品电商冷链物流的服务体系 [J]. 开放导报, 202 (1): 3.

李佳, 2011. 安全消费下的生鲜食品安全检测研究 [J]. 安徽农业科学, 39 (22): 13558-13559, 13562.

李佳，余本功，2010. 基于服务科学构建旅游服务质量评价模型的研究 [J]. 价值工程，29（2）：240-241.

李佳益，高亚静，刘丹丹，等，2021. 基于 K-means 聚类算法的生鲜食品安全预警研究 [J]. 产业与科技论坛，20（24）：31-33.

李明会，2021. 构建基于客户体验的众包物流服务质量评价指标体系 [J]. 中国商论，834（11）：27-29.

李林，2020. 生鲜食品电子商务物流配送研究：评《食品物流学》[J]. 食品工业，41（3）：1.

李海洲，黄志超，唐衍军，2021. 区块链赋能视角下的蔬菜供应链质量安全管理 [J]. 北方园艺（11）：160-165.

李淑芳，2016. 生鲜食品供应链质量控制研究 [J]. 食品安全导刊，12（15）：63.

李洁，翟树芹，韩世万，2015. 基于 HACCP 的生鲜农产品冷链物流质量控制因素探讨 [J]. 物流工程与管理，37（6）：4.

李双玉，2022. 众包物流服务质量评价研究 [J]. 中国储运，256（1）：95-96.

步会敏，魏敏，林娜，2018. 基于 SERVQUAL 模型的旅游景区服务质量问题研究：以鼓浪屿为例 [J]. 中国农业资源与区划，39（9）：190-198.

汪旭辉，张其林，2016. 基于物联网的生鲜农产品冷链物流体系构建：框架，机理与路径 [J]. 南京农业大学学报（社会科学版），16（1）：11.

汪超，韩美顺，2020. 2019 年度中国制冷设备市场分析 [J]. 制冷技术，40（S01）：22.

周正嵩，施国洪，2012. 基于 SERVQUAL 和 LSQ 模型的物流企业服务质量评价研究 [J]. 科技管理研究，32（6）：27-29，34.

周佳欣，2020. 国内外农产品质量安全问题的研究现状 [J]. 南方农机，51（20）：56-57.

周海霞，2016. 国外农产品冷链物流一体化经验及借鉴 [J]. 世界农业，445（5）：5.

周国君，2006. 浅谈无公害牛奶生产体系建设 [J]. 贵州畜牧兽医，12（4）：19-21.

周梅轩，2017. 基于 HACCP 体系食品冷链物流安全研究：以国内乳酸菌饮品产业为例 [J]. 商场现代化，12（24）：2.

周鹤，陈景华，韦秋林，等，2019. 生鲜食品储运包装技术研究进展 [J]. 包装工程，40（19）：8.

孟一君，2020. 创新理念下物流企业服务管理一体化探析 [J]. 物流工程与管理，42（1）：60-62.

孟炯，郭春霞，2013. 生物制药供应链公共服务管理平台体系研究 [J]. 软科学，27（11）：127-131.

岳嘉嘉，2020. 农产品冷链物流建设及电商销售成本构成分析 [J]. 农业经济，395（3）：3.

林明辉，2021. 基于顾客导向的生鲜物流服务质量对复购意愿的影响研究：以叮咚买菜为例 [J]. 现代商业，597（8）：19-22.

林伟，2019. IT服务管理与企业服务水平提升 [J]. 信息系统工程，304（4）：54-55.

林懿，2016. 我国冷链物流发展现状与对策研究 [J]. 产业与科技论坛，15（3）：2.

武莹浣，2009. 超市生鲜食品鲜度控制问题及策略 [J]. 科技创新导报，137（29）：184-185.

邱斌，2017. 基于突变级数法的生鲜电商冷链物流服务质量评价研究 [D]. 北京：北京交通大学.

南剑飞，刘志刚，2013. 物流服务质量评价体系构建研究 [J]. 现代管理科学，247（10）：51-53.

姚亮，2004. 港口物流服务质量研究 [J]. 物流科技，12（3）：50-53.

姜方桃，黄赛金，2021. 生鲜食品追溯体系实施风险评价研究 [J]. 金陵科技学院学报（社会科学版）：35（3）：14-21.

柳泉伟，2021. 无损快速检测技术在生鲜食品品质鉴定中的应用 [J]. 科技与创新，182（14）：147-148.

洪志生，苏强，霍佳震，2012. 服务质量管理研究的回顾与现状探析 [J]. 管理评论，24（7）：152-163.

洪聘，2011. 基于质量控制理论的冷链物流管理研究 [J]. 商场现代化，649（16）：1-3.

胡位歆，金王平，刘东红，2014. 生鲜食品品质（货架寿命）预测模型的建立方法 [J]. 中国食物与营养（05）：45-49.

范丽先，叶圆慧，2017. 快递服务质量对快递品牌满意度的影响：电子商务环境下顾客经验的调节作用 [J]. 外国经济与管理, 39 (12)：140-151.

唐衍军, 许雯宏, 李海洲, 等, 2021. 基于区块链的食品冷链质量安全信息平台构建 [J]. 包装工程, 42 (11)：39-44.

唐衍军, 许雯宏, 李海洲, 等, 2021. 基于区块链的食品冷链质量安全信息平台构建 [J]. 包装工程, 42 (11)：6.

孙秋高, 2007. 生鲜加工配送中心生鲜食品及加工食品检验和退货流程 [J]. 物流科技, 141 (5)：109-112.

徐玥, 2018. 基于 HACCP 视角的乳制品质量安全监控研究 [J]. 科技创新与应用, 12 (34)：147-149.

徐广姝, 2019. 基于粗糙集的电商物流服务质量评价应用研究：以生鲜电商为例 [J]. 中国流通经济, 33 (7)：35-44.

徐艳红, 2017. 生鲜电商背景下冷链物流的发展对策 [J]. 中国经贸, 12 (15)：1.

秦天琦, 2021. 基于 SERVQUAL 模型的网购物流服务质量评价研究 [J]. 现代商业, 610 (21)：64-67.

耿秀丽, 谷玲玲, 2020. 基于改进 ER 的生鲜冷链物流服务质量评估方法 [J]. 计算机应用研究, 37 (5)：5.

袁斐, 2021. 供应链对中国中小食品企业安全管理机制建设的重要意义：评《农业发展、农商管理与食品安全》[J]. 食品安全质量检测学报, 12 (23)：9309.

袁学国, 邹平, 朱军, 等, 2015. 我国冷链物流业发展态势、问题与对策 [J]. 中国农业科技导报 (1)：8.

张文秋, 马雪锋, 2017. 唐山市现代奶业安全生产及发展对策研究 [J]. 黑龙江畜牧兽医, 520 (4)：29-32.

张方, 2016. 生鲜食品冷链物流研究进展探讨 [J]. 商场现代化, 820 (13)：2.

张其春, 黄陈润, 2019. 生鲜电商环境下食品冷链物流服务质量评价研究：基于 PCA-BP 神经网络的实证 [J]. 大连海事大学学报 (社会科学版), 18 (3)：8.

张振华, 许柏鸣, 2019. 基于网络口碑数据挖掘的电子商务物流服务质量问题 [J]. 中国流通经济, 33 (1)：43-55.

张喜才, 2019. 中国农产品冷链物流经济特性, 困境及对策研究 [J]. 现代

经济探讨 (12): 6.

张宝友, 杨玉香, 孟丽君, 2021. 物流服务质量评价模型与方法研究综述 [J]. 中国流通经济, 35 (2): 49-60.

毕会娜, 孟佳林, 李春阳, 2021. 生鲜电商新零售模式应用及其提升路径 [J]. 商业经济研究, 833 (22): 101-104.

郭重庆, 2008. "服务科学": 一个极具前沿意义的学科 [J]. 中国科学基金, 12 (4): 217-220.

陈文沛, 2014. 物流服务质量、网络顾客满意与网络顾客忠诚: 转换成本的调节作用 [J]. 中国流通经济, 28 (10): 44-51.

陈红丽, 栗巾瑛, 芮嘉明, 等, 2013. 如何建立生鲜食品冷链物流服务质量评价指标体系 [J]. 物流科技 (7): 20-22.

陈红丽, 栗巾瑛, 芮嘉明, 等, 2013. 如何建立生鲜食品冷链物流服务质量评价指标体系 [J]. 物流科技, 36 (7): 20-22.

陈红丽, 栗巾瑛, 刘永胜, 2011. 生鲜食品冷链物流服务质量研究述评 [J]. 物流技术, 30 (19): 32-34.

陈红丽, 张利瑶, 张欣, 2015. 基于 FAHP 的生鲜食品冷链物流服务质量评价模型的构建 [J]. 物流技术, 34 (13): 5.

陈彧, 2012. 基于系统动力学的生鲜食品供应链风险识别研究 [J]. 物流技术, 31 (23): 405-407.

陈务远, 张少峰, 胡小丽, 等, 2019. 考虑保鲜努力水平的生鲜食品供应链库存控制微分对策 [J]. 中国科学技术大学学报, 49 (6): 12.

陈铭中, 钟旭美, 周伟光, 2016. 基于 HACCP 的海产品供应链冷链物流质量安全控制 [J]. 食品安全质量检测学报, 12 (2): 7.

陈镜羽, 黄辉, 2015. 我国生鲜农产品电子商务冷链物流现状与发展研究 [J]. 科技管理研究, 35 (6): 5.

曾伏娥, 王克卫, 虞晋钧, 2017. 产品多样化与服务质量关系研究: 范围经济视角 [J]. 管理评论, 29 (10): 157-167.

覃雪莲, 刘志学, 2018. 供应链物流服务质量研究述评与展望 [J]. 管理学报, 15 (11): 1731-1738.

闫浩楠, 叶欠, 丁宁, 2020. 疫情对鲜活农产品流通的启示 [J]. 宏观经济管理, 443 (9): 2.

冯贺平, 吴梅梅, 2016. 基于 WSN 的果蔬冷链物流实时监测系统研究

[J]. 保鲜与加工, 16 (5): 5.

黄永福, 2019. 基于 PDCA 循环的物流服务质量优化研究 [J]. 对外经贸, 305 (11): 48-52.

黄雪, 2017. 基于 ISM-ANP 的绿色产品创新影响因素研究 [D]. 郑州: 郑州大学.

杨昀, 2021. HACCP 质量管理体系的构建研究 [J]. 食品研究与开发, 42 (24): 254.

杨善林, 华中生, 2018. 关于服务科学及其研究的思考 [J]. 信息与管理研究, 3 (Z1): 1-14.

杨扬, 袁媛, 李杰梅, 2016. 基于 HACCP 的生鲜农产品国际冷链物流质量控制体系研究: 以云南省蔬菜出口泰国为例 [J]. 北京交通大学学报 (社会科学版), 15 (2): 6.

杨玮, 偶雅楠, 岳婷, 等, 2018. 基于 AHPSO-SVM 的农产品冷链物流质量安全预警模型 [J]. 包装工程, 39 (5): 6.

杨凤云, 苏芳, 袁国辉, 2021. 第三方物流服务质量对 B_2B 平台电子商务的影响机理 [J]. 物流技术, 40 (4): 76-79, 85.

杨黎朝, 2020. 基于电动物流车的京东生鲜食品物流配送路径优化研究 [D]. 北京: 北京交通大学.

董笑, 白宝光, 2016. 对建立乳制品质量安全预警指标体系的探究 [J]. 内蒙古科技与经济, 350 (4): 27-28.

贾果玲, 王建伟, 2019. 基于 SERVQUAL-IPA 模型的西安市圆通快递服务质量评价 [J]. 铁道运输与经济, 41 (10): 57-63.

贾建民, 张影, 陈煜波, 等, 2019. 市场营销与服务科学 [J]. 科学观察, 14 (2): 34-37.

贾叶子, 崔亚琼, 迟明, 2022. 基于熵权-TOPSIS 法的农村电商物流服务质量评价研究 [J]. 中国储运, 256 (1): 131-132.

宁泽逵, 周洁, 冯佳, 2021. 关系物流: 概念内涵与研究进展 [J]. 供应链管理, 2 (5): 103-119.

熊慧, 唐宏亮, 丁永, 2021. 基于改进 HMM 的食品安全风险评估方法 [J]. 食品与机械, 37 (11): 72-76.

赵新蕊, 2020. 核电施工企业 ES 公司安全管理绩效评价研究 [D]. 天津: 天津大学.

赵艳坤,陈贺,王帅,等,2019.生鲜乳中微生物检测技术研究进展 [J].
中国奶牛,348 (4):52-56.

赵艳艳,张于贤,2009.HACCP体系在我国冷链物流管理中的运用及优化
[J].安徽农业科学,37 (7):3273-3274.

齐文娥,林川,2018.消费者生鲜农产品购买意愿影响因素分析 [J].华南
农业大学学报 (社会科学版),17 (1):16.

刘月,罗利,2004.服务管理理论研究进展 [J].管理评论 (4):33-38,
44-64.

刘尚亮,沈惠璋,李峰,等,2010.服务科学研究综述 [J].科学学与科学
技术管理,31 (6):85-89.

刘思晴,张家兴,2021.第三方物流服务质量对顾客再使用意愿的影响研
究 [J].中国物流与采购,637 (24):36-37.

刘浩,2016.生鲜农产品冷链物流的现状及发展对策 [J].中国农业资源与
区划,37 (3):184-186.

刘起林,韩青,2021.新冠肺炎疫情对中国居民猪肉消费行为的影响及对
策建议:基于全国525份居民调查问卷分析 [J].中国畜牧杂志,57
(11):5.

刘选,张兴华,2008.基于服务科学学科的服务概念界定 [J].甘肃科技,
12 (12):59-61.

刘险峰,陈梅,2007.物流企业服务质量水平评价指标体系研究 [J].物流
技术,173 (2):25-27.

刘巍同,2019.生鲜电商下消费者食品安全风险感知与购买行为研究 [D].
武汉:武汉理工大学.

欧阳效升,陈为年,2020.基于网络程序分析法的民办高职院校核心竞争
力评价体系研究 [J].兰州学刊 (8):128-146.

范兆军,2020.疫情背景下食品安全监测技术数据分析及应用:评《食品
安全风险监测数据综合分析方法及应用》 [J].中国安全科学学报,30
(11):1.

蒋旋,孟凡会,2019.基于模糊Kano模型与IPA分析的新零售即时物流服
务质量研究 [J].物流技术,38 (10):49-53.

郑兵,金玉芳,董大海,等,2007.中国本土物流服务质量测评指标创建

及其实证检验 [J]. 管理评论, 12 (4): 49-55, 64.

郑兵, 董大海, 金玉芳, 2007. 国外物流服务质量研究述评 [J]. 管理学报, 18 (3): 373-378.

郑铮铮, 李学工, 2017. 生鲜农产品的分类标准及其冷链物流品控管理 [J]. 标准科学, 512 (1): 6.

郑丽娟, 2021. 物流服务质量评价与改进的研究综述 [J]. 物流科技, 44 (5): 14-17, 24.

钱慧敏, 董泽, 曲洪建, 2019. 智慧物流服务质量对顾客忠诚度的影响 [J]. 价格月刊, 501 (2): 70-79.

鲍长生, 2007. 食品质量安全控制体系研究 [J]. 商业时代, 394 (27): 66-67.

戴君, 谢璃, 王强, 2015. 第三方物流整合对物流服务质量、伙伴关系及企业运营绩效的影响研究 [J]. 管理评论, 27 (5): 188-197.

缪瑞, 2011. 商品检验在生鲜加工配送中心的作用研究 [J]. 中国商贸, 492 (2): 130-131.

姜岩, 2021. 物流服务质量理论研究进展 (1989—2020): 基于系统文献回顾法的研究述评 [J]. 中国流通经济 (4): 13-25.

薛景梅, 孙安然, 2021. 基于 SERVPERF 模型的外卖平台物流服务质量评价研究 [J]. 河北科技大学学报 (社会科学版): 21 (4): 35-43.

谢如鹤, 刘广海, 2012. 生鲜食品物流安全问题调研分析 [J]. 中国物流与采购, 419 (22): 70-71.

谢毅, 2012. 多渠道服务管理研究述评 [J]. 外国经济与管理, 34 (12): 71-78.

丰佳栋, 2006. 提高我国第三方物流企业的服务质量 [J]. 商场现代化, 12 (1): 122-123.

丰佳栋, 2015. 云计算视角下的第三方物流服务质量创新模型 [J]. 中国流通经济, 29 (2): 33-38.

魏建良, 朱庆华, 2011. 服务科学研究综论 [J]. 图书情报研究, 4 (1): 5-9.

魏华, 王勇, 邓仲华, 2016. 基于消费者感知的网购物流服务质量测评 [J]. 中国流通经济, 30 (1): 88-94.

严灿, 刘升, 贾丽娥, 等, 2015. 蔬菜冷链物流技术研究进展 [J]. 食品与机械, 31 (4): 6.

顾晔, 倪峥飞, 沈海丽, 2019. 食品快速检测行业质量现状及情况分析 [J]. 食品安全导刊, 231 (7): 63-65.

英文文献

ADEKOMAYA O, JAMIRU T, SADIKU R, et al., 2016. Sustaining the shelf life of fresh food in cold chain-a burden on the environment [J]. Alexandria engineering journal, 55 (2): 1359-1365.

AHMAD M, 2021. An overview of food quality, safety and nutrition [J]. Rice research: open access, 9 (3): 1.

ATTRI R, DEV N, SHARMA V, 2013. Interpretive structural modelling (ISM) approach: an overview [J]. Research journal of management sciences, 2319 (2): 1171.

BORTOLINI M, FACCIO M, FERRARI E, et al., 2016. Fresh food sustainable distribution: cost, delivery time and carbon footprint three-objective optimization [J]. Journal of food engineering, 174 (APR.): 56-67.

CHEN J, HUANG H, 2015. Study on current status and countermeasures of cold chain for fresh agricultural products based on e-commerce [J]. Science and technology management research, 12: 1.

GIL-SAURA I, RUIZ-MOLINA M E, 2011. Logistics service quality and buyer-customer relationships: the moderating role of technology in B_2B and B_2C contexts [J]. The service industries journal, 31 (7): 1.

GONZáLEZ, VALDIVIESO, GRANGE D, et al., 2019. Impact of the dedicated infrastructure on bus service quality: an empirical analysis [J]. Applied economics, 51 (55): 1.

GOVINDAN K, PALANIAPPAN M, ZHU Q, et al., 2012. Analysis of third party reverse logistics provider using interpretive structural modeling [J]. International journal of production economics, 140 (1): 204-211.

GREGORY D, XIAOYANG L, JORDAN T, 2021. How service quality variability hurts revenue when customers learn: implications for dynamic personalized pricing [J]. Operations research, 69 (3): 1.

HUANG J, WEI W, QUAN L I, 2015. The construction of cold-chain logistics park of agricultural products in sanshui from two-stage perspective [J]. Asian agricultural research, 7 (3): 5.

HUSSEIN A A, ANI M, BERND N, et al., 2021. Developing a sustainable logistics service quality scale for logistics service providers in egypt [J]. Logistics, 5 (2): 1.

HWA S K, HYE L J, 2021. Understanding risk perception toward food safety in street food: the relationships among service quality, values, and repurchase intention [J]. International journal of environmental research and public health, 18 (13): 1.

JHARKHARIA S, SHANKAR R, 2007. Selection of logistics service provider: an analytic network process (ANP) approach [J]. Omega, 35 (3): 274-289.

KAHNALI R A, ESMAEILI A, 2015. An integration of servqual dimensions and logistics service quality indicators (a Case Study) [J]. International journal of services and operations management, 21 (3): 289-309.

KANNAN G, POKHAREL S, KUMAR P S, 2009. A hybrid approach using ISM and fuzzy TOPSIS for the selection of reverse logistics provider [J]. Resources, conservation and recycling, 54 (1): 28-36.

KHEYBARI S, REZAIE F M, FARAZMAND H, 2020. Analytic network process: an overview of applications [J]. Applied mathematics and computation, 367: 124780.

KITZINGER J, 1995. Qualitative research: introducing focus groups [J]. Bmj, 311 (7000): 299-302.

L B K NIINA, H DAVID, C STEFAN E, et al., 2021. Monitoring the microbiome for food safety and quality using deep shotgun sequencing [J]. Npj science of food, 5 (1): 1.

LEE C, ZHAO X, LEE Y, 2019. Service quality driven approach for innovative retail service system design and evaluation: a case study [J]. Computers & industrial engineering, 135: 1.

LONGHURST R, 2003. Semi-structured interviews and focus groups [J]. Key methods in geography, 3 (2): 143-156.

MALONE D W, 1975. An introduction to the application of interpretive structural modeling [J]. Proceedings of the IEEE, 63 (3): 397-404.

MAN, MOHAN, SIDDH, et al., 2017. Agri-fresh food supply chain quality (afscq): a literature review [J]. Industrial management & data systems, 117 (9): 1.

MARINA P, GRAZIA V M, 2021. The effect of novel packaging technology on food safety and quality [J]. Foods, 10 (2): 1.

MAVIMBE J, BJUNE G, 2016. Cold chain management: knowledge and practices in primary health care facilities in niassa, mozambique [J]. Ethiopian journal of health development, 21 (2): 1.

MENTZER J T, FLINT D J, HULT G, 2001. Logistics service quality as a segment-customized process [J]. Journal of marketing, 65 (4): 82-104.

MIN S, MENTZER J T, 2000. The role of marketing in supply chain management [J]. International journal of physical distribution & logistics management, 12: 1.

MURRY JR J W, HAMMONS J O, 1995. Delphi: a versatile methodology for conducting qualitative research [J]. The review of higher education, 18 (4): 423-436.

NIKOU S, KHIABANI M M, 2020. Service quality, mediation effect of customer satisfaction, customer loyalty, and moderating role of interpersonal relationship: case of four-star hotels in kuala lumpur, malaysia [J]. Asian journal of economics, business and accounting, 12, 1.

PAL A, KANT K, 2018. Iot-based sensing and communications infrastructure for the fresh food supply chain [J]. Computer, 51 (2): 76-80.

PARASURAMAN A, ZEITHAML A, BERRY L, 1985. Model of service quality: its implication for future research [J]. Journal of marketing, 12: 1.

PARASURAMAN A, ZEITHAML V A, BERRY L L, 1985. A conceptual model of service quality and its implications for future research [J]. Journal of marketing, 49 (4): 41-50.

PARK J, WOO S, 2015. Determinants and performance of port logistics service quality [J]. Journal of korea port economic association, 31 (3): 15-39.

POLITIS Y, GIOVANIS A, BINIORIS S, 2014. Logistics service quality and its effects on customer satisfaction in the manufacturing companies' supply chains [J]. Journal of modelling in management, 9 (2): 1.

POWELL R A, SINGLE H M, 1996. Focus groups [J]. International journal for quality in health care, 8 (5): 499-504.

PRENTKOVSKIS O, ERCEG Ž, STEVIĆ Ž, et al., 2018. A new methodology for improving service quality measurement: Delphi - FUCOM - SERVQUAL model [J]. Symmetry, 10 (12): 757.

QU Y, 2015. Research on fresh produce food cold chain logistics tracking system based on rfid [J]. Advance journal of food science and technology, 7 (3): 191-194.

RONG A, AKKERMAN R, GRUNOW M, 2011. An optimization approach for managing fresh food quality throughout the supply chain [J]. International journal of production economics, 131 (1): 421-429.

ROY B J, TRI P Y, NAYAT Y M, et al., 2021. The effect of service quality on customer satisfaction in an automotive after-sales service [J]. Journal of open innovation: technology, market, and complexity, 7 (2): 1.

SAWAT P K W, 2017. A structural equation model for logistics service quality to measurement passenger loyalty at suvarnabhumi airport, thailand [J]. Psaku international journal of interdisciplinary research, 6 (1): 1.

SHAPSUGOVA M, 2021. Food safety of bottled water [J]. E3s web of conferences, 258: 1.

SHASHI, CERCHIONE, ROBERTO, et al., 2018. Food cold chain management: from a structured literature review to a conceptual framework and research agenda [J]. International journal of logistics management, 12, 1.

SICHE R, VEJARANO R, AREDO V, et al., 2016. Evaluation of food quality and safety with hyperspectral imaging (hsi) [J]. Food engineering reviews, 8 (3): 306-322.

SIDDH M M, SONI G, JAIN R, et al., 2017. Agri-fresh food supply chain quality (afscq): a literature review [J]. Industrial management & data systems, 12: 1.

SILVA J T M, TEIXEIRA L A A, CRUZ K D C T S, et al., 2014. Logistics service quality measurement of a beverage distributor company in the state of minas gerais - brazil [J]. Journal of logistics systems and management, 19 (3): 1.

SILVA M E T D, CORREA K D P, MARTINS M A, et al., 2019. Food safety, hypolipidemic and hypoglycemic activities, and in vivo protein quality of microalga scenedesmus obliquus in wistar rats [J]. Journal of functional foods, 65 (c): 1.

SINGH R K, GUNASEKARAN A, KUMAR P, 2018. Third party logistics (3pl) selection for cold chain management: a fuzzy ahp and fuzzy topsis approach [J]. Annals of operations research, 267 (1): 531-553.

SOTO-SILVA W E, GONZÁLEZ-ARAYA M, OLIVA-FERNÁNDEZ M, et al., 2017. Optimizing fresh food logistics for processing: application for a large chilean apple supply chain [J]. Computers & electronics in agriculture, 136: 42-57.

SRIVASTAVA S K, CHAUDHURI A, SRIVASTAVA R K, 2015. Propagation of risks and their impact on performance in fresh food retail [J]. International journal of logistics management, 26 (3): 568-602.

TRIVEDI S, NEGI S, ANAND N, 2019. Role of food safety and quality in indian food supply chain [J]. Journal of logistics economics and globalisation, 8 (1): 1.

WANG X, 2016. Keep the products fresh: a qfd approach to improve the logistics service quality of cold chain [J]. International conference on logistics, informatics and service sciences (liss), 1 (1): 1-6.

WANG Y, 2020. Biosensors and intelligent packaging to improve food safety [J]. Journal of animal science, 98: 1.

WILLIAMS P L, WEBB C, 1994. The delphi technique: a methodological discussion [J]. Journal of advanced nursing, 19 (1): 180-186.

WOUDENBERG F, 1991. An evaluation of delphi [J]. Technological forecasting and social change, 40 (2): 131-150.

WU A, SU J, WANG F, 2014. A comprehensive evaluation of the logistics service quality based on vague sets theory [J]. Journal of shipping and transport logistics, 6 (1): 1.

YU J, WANG M, LIU J, et al., 2021. Service management mechanisms in the internet of things: an organized and thorough study [J]. Journal of ambient intelligence and humanized computing, 12: 1.

ZURICH B L L, INSTRUCTION X, et al., 2018. Service operations and management [J]. Master of science in engineering, 12: 380.

附录

附录 A
生鲜食品冷链物流服务质量评价指标 ISM 专家问卷

尊敬的专家：

您好！本阶段问卷调查，运用解释结构模型法（ISM）对评价指标进行分析，找出这些要素之间的关联性，进而构建生鲜食品冷链物流服务质量评价指标的结构模型。请您阅读"填写说明"后，开始填答。本问卷填答完毕后，请于是七日内利用电子邮件回寄。如果您在填答问卷时，有任何疑问，请及时与研究者联系。再次表示感谢！

祝工作顺利、生活幸福！

问卷主题说明

本阶段研究，基于焦点团体访谈法筛选和确定生鲜食品冷链物流服务质量评价指标。由于评价指标要素之间存在特定和复杂的关系，为了找出各评价指标要素之间的关联性，笔者运用解释结构模型法进行专家问卷调查，整合专家意见，对生鲜食品冷链物流服务质量评价指标的关联性进行分析。找出这些要素之间的关联性，构建生鲜食品冷链物流服务质量评价指标的结构模型，为计算生鲜食品冷链物流服务质量评价指标各项权重提供依据。

填答说明

在研究要素集中，将各要素进行两两比较，以得出因素之间的直接关系。其中 S_i 表示生鲜食品冷链物流服务质量评价指标要素，要素 S_i 跟要素 S_j 要比较两次，分别是要素 S_i 对要素 S_j 的直接影响；要素 S_j 对要素 S_i 的直接影响。要素自身则不需要比较，即矩阵的对角线上的值通常用 0 来表示。借助四种符号来表示两个要素之间存在的不同类型的关系：

A：表示要素 i 影响要素 j；

V：表示要素 j 影响要素 i；

X：表示要素 i 和要素 j 相互影响；

O：表示要素 i 和要素 j 之间没有关系。

关系表中的"影响"可以理解为生鲜食品冷链物流服务质量评价指标要素中，某一要素能够对另一要素产生直接影响。

S_i \ S_j	感官质量 A_1	品质检测 A_2	食品包装质量 A_3	温湿度控制 B_1	作业时间管理 B_2	操作规范性 B_3	设施设备因素 B_4	服务人员沟通质量 C_1	产品信息质量 C_2	订货过程 C_3	货品准确率 C_4	误差处理 C_5	服务时效性 C_6	服务柔性 C_7	数字化水平 C_8
感官质量 A_1	0														
品质检测 A_2		0													
食品包装质量 A_3			0												
温湿度控制 B_1				0											
作业时间管理 B_2					0										
操作规范性 B_3						0									
设施设备因素 B_4							0								
服务人员沟通质量 C_1								0							
产品信息质量 C_2									0						
订货过程 C_3										0					
货品准确率 C_4											0				
误差处理 C_5												0			
服务时效性 C_6													0		
服务柔性 C_7														0	
数字化水平 C_8															0

附图1-1　生鲜食品冷链物流服务质量评价指标ISM专家问卷

附录 B
生鲜食品冷链物流服务质量评价指标 ANP 专家问卷

尊敬的专家：

您好！感谢您在本书前两阶段调查问卷的鼎力协助。您所提供的宝贵意见，使得生鲜食品冷链物流服务质量评价指标和结构模型得以确定。

第三阶段的问卷调查目的是选用网络分析法（ANP）分析计算生鲜食品冷链物流服务质量评价各项指标的权重，从而获得各评价维度和各评价指标间的相对重要性关系。

请您阅读"问卷说明"后，开始填答。本问卷填答完毕后，请于七日内利用电子邮件寄回。如果您在填答问卷时，有任何疑问，请及时与研究者联系。再次表示感谢！

祝工作顺利、生活幸福！

生鲜食品冷链物流服务质量评价指标 ANP 专家问卷

姓名： 　　　　单位：

一、问题描述

此调查问卷以"生鲜食品冷链物流服务质量评价指标"为调查目标，对其多项评价指标使用网络分析法进行分析。

二、问卷说明

此调查问卷的目的在于确定"生鲜食品冷链物流服务质量评价体系"各评价指标之间的相对权重。调查问卷根据网络分析法（ANP）的形式设计。这种方法对评价指标重要性进行两两比较。衡量尺度划分为九个等级，其中 9，7，5，3，1 的数值分别对应绝对重要、十分重要、比较重要、稍微重要、同样重要，8，6，4，2 表示重要程度介于相邻的两个等级之间。靠左边的等级单元格表示左列因素比右列因素重要，靠右边的等级单元格表示右列因素比左列因素重要。根据您的看法，点击相应的单元格即可。

三、问卷内容

■ 评估"生鲜食品质量 A"的相对重要性

生鲜食品质量 A

顾客感知的服务质量 C

附表 2-1　下列各组要素两两比较，对于"生鲜食品质量 A"的相对重要性如何

A	重要性比较	B
生鲜食品质量 A	‹9›‹8›‹7›‹6›‹5›‹4›‹3›‹2› 1 2›3›4›5›6›7›8›9›	顾客感知的服务质量 C

■ 评估"冷链过程质量 B"的相对重要性

生鲜食品质量 A

冷链过程质量 B

顾客感知的服务质量 C

附表 2-2　下列各组要素两两比较，对于"冷链过程质量 B"的相对重要性如何

A	重要性比较	B
生鲜食品质量 A	‹9›‹8›‹7›‹6›‹5›‹4›‹3›‹2› 1 2›3›4›5›6›7›8›9›	冷链过程质量 B
生鲜食品质量 A	‹9›‹8›‹7›‹6›‹5›‹4›‹3›‹2› 1 2›3›4›5›6›7›8›9›	顾客感知的服务质量 C
冷链过程质量 B	‹9›‹8›‹7›‹6›‹5›‹4›‹3›‹2› 1 2›3›4›5›6›7›8›9›	顾客感知的服务质量 C

■ 评估"顾客感知的服务质量 C"的相对重要性

冷链过程质量 B

顾客感知的服务质量 C

附表 2-3　下列各组要素两两比较，对于"顾客感知的服务质量 C"的
相对重要性如何

A	重要性比较	B
冷链过程质量 B	‹9›‹8›‹7›‹6›‹5›‹4›‹3›‹2› 1 2›3›4›5›6›7›8›9›	顾客感知的服务质量 C

■ 评估"冷链过程质量 B：温湿度控制 B_1"的相对重要性

产品信息质量 C_2

货品准确率 C_4

误差处理 C_5

服务时效性 C_6

服务柔性 C_7

附表 2-4　下列各组要素两两比较，对于"冷链过程质量 B：温湿度控制 B_1"的相对重要性如何

A	重要性比较																	B
顾客感知的服务质量 C：产品信息质量 C_2	‹9	‹8	‹7	‹6	‹5	‹4	‹3	‹2	1	2›	3›	4›	5›	6›	7›	8›	9›	顾客感知的服务质量 C：货品准确率 C_4
顾客感知的服务质量 C：产品信息质量 C_2	‹9	‹8	‹7	‹6	‹5	‹4	‹3	‹2	1	2›	3›	4›	5›	6›	7›	8›	9›	顾客感知的服务质量 C：误差处理 C_5
顾客感知的服务质量 C：产品信息质量 C_2	‹9	‹8	‹7	‹6	‹5	‹4	‹3	‹2	1	2›	3›	4›	5›	6›	7›	8›	9›	顾客感知的服务质量 C：服务时效性 C_6
顾客感知的服务质量 C：产品信息质量 C_2	‹9	‹8	‹7	‹6	‹5	‹4	‹3	‹2	1	2›	3›	4›	5›	6›	7›	8›	9›	顾客感知的服务质量 C：服务柔性 C_7
顾客感知的服务质量 C：货品准确率 C_4	‹9	‹8	‹7	‹6	‹5	‹4	‹3	‹2	1	2›	3›	4›	5›	6›	7›	8›	9›	顾客感知的服务质量 C：误差处理 C_5
顾客感知的服务质量 C：货品准确率 C_4	‹9	‹8	‹7	‹6	‹5	‹4	‹3	‹2	1	2›	3›	4›	5›	6›	7›	8›	9›	顾客感知的服务质量 C：服务时效性 C_6
顾客感知的服务质量 C：货品准确率 C_4	‹9	‹8	‹7	‹6	‹5	‹4	‹3	‹2	1	2›	3›	4›	5›	6›	7›	8›	9›	顾客感知的服务质量 C：服务柔性 C_7
顾客感知的服务质量 C：误差处理 C_5	‹9	‹8	‹7	‹6	‹5	‹4	‹3	‹2	1	2›	3›	4›	5›	6›	7›	8›	9›	顾客感知的服务质量 C：服务时效性 C_6
顾客感知的服务质量 C：误差处理 C_5	‹9	‹8	‹7	‹6	‹5	‹4	‹3	‹2	1	2›	3›	4›	5›	6›	7›	8›	9›	顾客感知的服务质量 C：服务柔性 C_7
顾客感知的服务质量 C：服务时效性 C_6	‹9	‹8	‹7	‹6	‹5	‹4	‹3	‹2	1	2›	3›	4›	5›	6›	7›	8›	9›	顾客感知的服务质量 C：服务柔性 C_7

■ 评估"冷链过程质量 B：温湿度控制 B_1"的相对重要性

感官质量 A_1

品质检测 A_2

食品包装质量 A_3

附表 2-5　下列各组要素两两比较，对于"冷链过程质量 B：温湿度控制 B_1"的相对重要性如何

A	重要性比较																	B
生鲜食品质量 A：感官质量 A_1	‹9	‹8	‹7	‹6	‹5	‹4	‹3	‹2	1	2›	3›	4›	5›	6›	7›	8›	9›	生鲜食品质量 A：品质检测 A_2
生鲜食品质量 A：感官质量 A_1	‹9	‹8	‹7	‹6	‹5	‹4	‹3	‹2	1	2›	3›	4›	5›	6›	7›	8›	9›	生鲜食品质量 A：食品包装质量 A_3
生鲜食品质量 A：品质检测 A_2	‹9	‹8	‹7	‹6	‹5	‹4	‹3	‹2	1	2›	3›	4›	5›	6›	7›	8›	9›	生鲜食品质量 A：食品包装质量 A_3

■ 评估"冷链过程质量 B：作业时间管理 B_2"的相对重要性

产品信息质量 C_2

货品准确率 C_4

误差处理 C_5

服务时效性 C_6

服务柔性 C_7

附表 2-6　下列各组要素两两比较，对于"冷链过程质量 B：作业时间管理 B_2"的
相对重要性如何

A	重要性比较	B
顾客感知的服务质量 C：产品信息质量 C_2	‹9 ‹8 ‹7 ‹6 ‹5 ‹4 ‹3 ‹2 1 2› 3› 4› 5› 6› 7› 8› 9›	顾客感知的服务质量 C：货品准确率 C_4
顾客感知的服务质量 C：产品信息质量 C_2	‹9 ‹8 ‹7 ‹6 ‹5 ‹4 ‹3 ‹2 1 2› 3› 4› 5› 6› 7› 8› 9›	顾客感知的服务质量 C：误差处理 C_5
顾客感知的服务质量 C：产品信息质量 C_2	‹9 ‹8 ‹7 ‹6 ‹5 ‹4 ‹3 ‹2 1 2› 3› 4› 5› 6› 7› 8› 9›	顾客感知的服务质量 C：服务时效性 C_6
顾客感知的服务质量 C：产品信息质量 C_2	‹9 ‹8 ‹7 ‹6 ‹5 ‹4 ‹3 ‹2 1 2› 3› 4› 5› 6› 7› 8› 9›	顾客感知的服务质量 C：服务柔性 C_7
顾客感知的服务质量 C：货品准确率 C_4	‹9 ‹8 ‹7 ‹6 ‹5 ‹4 ‹3 ‹2 1 2› 3› 4› 5› 6› 7› 8› 9›	顾客感知的服务质量 C：误差处理 C_5
顾客感知的服务质量 C：货品准确率 C_4	‹9 ‹8 ‹7 ‹6 ‹5 ‹4 ‹3 ‹2 1 2› 3› 4› 5› 6› 7› 8› 9›	顾客感知的服务质量 C：服务时效性 C_6
顾客感知的服务质量 C：货品准确率 C_4	‹9 ‹8 ‹7 ‹6 ‹5 ‹4 ‹3 ‹2 1 2› 3› 4› 5› 6› 7› 8› 9›	顾客感知的服务质量 C：服务柔性 C_7
顾客感知的服务质量 C：误差处理 C_5	‹9 ‹8 ‹7 ‹6 ‹5 ‹4 ‹3 ‹2 1 2› 3› 4› 5› 6› 7› 8› 9›	顾客感知的服务质量 C：服务时效性 C_6
顾客感知的服务质量 C：误差处理 C_5	‹9 ‹8 ‹7 ‹6 ‹5 ‹4 ‹3 ‹2 1 2› 3› 4› 5› 6› 7› 8› 9›	顾客感知的服务质量 C：服务柔性 C_7
顾客感知的服务质量 C：服务时效性 C_6	‹9 ‹8 ‹7 ‹6 ‹5 ‹4 ‹3 ‹2 1 2› 3› 4› 5› 6› 7› 8› 9›	顾客感知的服务质量 C：服务柔性 C_7

■ 评估"冷链过程质量 B：作业时间管理 B_2"的相对重要性

感官质量 A_1

品质检测 A_2

食品包装质量 A_3

附表 2-7　下列各组要素两两比较，对于"冷链过程质量 B：作业时间管理 B_2"的相对重要性如何

A	重要性比较																		B
生鲜食品质量 A：感官质量 A_1	‹9	‹8	‹7	‹6	‹5	‹4	‹3	‹2	1	2›	3›	4›	5›	6›	7›	8›	9›		生鲜食品质量 A：品质检测 A_2
生鲜食品质量 A：感官质量 A_1	‹9	‹8	‹7	‹6	‹5	‹4	‹3	‹2	1	2›	3›	4›	5›	6›	7›	8›	9›		生鲜食品质量 A：食品包装质量 A_3
生鲜食品质量 A：品质检测 A_2	‹9	‹8	‹7	‹6	‹5	‹4	‹3	‹2	1	2›	3›	4›	5›	6›	7›	8›	9›		生鲜食品质量 A：食品包装质量 A_3

■ 评估"冷链过程质量 B：操作规范性 B_3"的相对重要性

温湿度控制 B_1

作业时间管理 B_2

设施设备因素 B_4

附表 2-8　下列各组要素两两比较，对于"冷链过程质量 B：操作规范性 B_3"的相对重要性如何

A	重要性比较																		B
冷链过程质量 B：温湿度控制 B_1	‹9	‹8	‹7	‹6	‹5	‹4	‹3	‹2	1	2›	3›	4›	5›	6›	7›	8›	9›		冷链过程质量 B：作业时间管理 B_2
冷链过程质量 B：温湿度控制 B_1	‹9	‹8	‹7	‹6	‹5	‹4	‹3	‹2	1	2›	3›	4›	5›	6›	7›	8›	9›		冷链过程质量 B：设施设备因素 B_4
冷链过程质量 B：作业时间管理 B_2	‹9	‹8	‹7	‹6	‹5	‹4	‹3	‹2	1	2›	3›	4›	5›	6›	7›	8›	9›		冷链过程质量 B：设施设备因素 B_4

■ 评估"冷链过程质量 B：操作规范性 B_3"的相对重要性

产品信息质量 C_2

货品准确率 C_4

误差处理 C_5

服务时效性 C_6

服务柔性 C_7

附表 2-9　下列各组要素两两比较，对于"冷链过程质量 B：操作规范性 B_3"的相对重要性如何

A	重要性比较																		B
顾客感知的服务质量 C：产品信息质量 C_2	‹9	‹8	‹7	‹6	‹5	‹4	‹3	‹2	1	2›	3›	4›	5›	6›	7›	8›	9›		顾客感知的服务质量 C：货品准确率 C_4
顾客感知的服务质量 C：产品信息质量 C_2	‹9	‹8	‹7	‹6	‹5	‹4	‹3	‹2	1	2›	3›	4›	5›	6›	7›	8›	9›		顾客感知的服务质量 C：误差处理 C_5

A	重要性比较																	B
顾客感知的服务质量 C: 产品信息质量 C_2	‹9	‹8	‹7	‹6	‹5	‹4	‹3	‹2	1	2›	3›	4›	5›	6›	7›	8›	9›	顾客感知的服务质量 C: 服务时效性 C_6
顾客感知的服务质量 C: 产品信息质量 C_2	‹9	‹8	‹7	‹6	‹5	‹4	‹3	‹2	1	2›	3›	4›	5›	6›	7›	8›	9›	顾客感知的服务质量 C: 服务柔性 C_7
顾客感知的服务质量 C: 货品准确率 C_4	‹9	‹8	‹7	‹6	‹5	‹4	‹3	‹2	1	2›	3›	4›	5›	6›	7›	8›	9›	顾客感知的服务质量 C: 误差处理 C_5
顾客感知的服务质量 C: 货品准确率 C_4	‹9	‹8	‹7	‹6	‹5	‹4	‹3	‹2	1	2›	3›	4›	5›	6›	7›	8›	9›	顾客感知的服务质量 C: 服务时效性 C_6
顾客感知的服务质量 C: 货品准确率 C_4	‹9	‹8	‹7	‹6	‹5	‹4	‹3	‹2	1	2›	3›	4›	5›	6›	7›	8›	9›	顾客感知的服务质量 C: 服务柔性 C_7
顾客感知的服务质量 C: 误差处理 C_5	‹9	‹8	‹7	‹6	‹5	‹4	‹3	‹2	1	2›	3›	4›	5›	6›	7›	8›	9›	顾客感知的服务质量 C: 服务时效性 C_6
顾客感知的服务质量 C: 误差处理 C_5	‹9	‹8	‹7	‹6	‹5	‹4	‹3	‹2	1	2›	3›	4›	5›	6›	7›	8›	9›	顾客感知的服务质量 C: 服务柔性 C_7
顾客感知的服务质量 C: 服务时效性 C_6	‹9	‹8	‹7	‹6	‹5	‹4	‹3	‹2	1	2›	3›	4›	5›	6›	7›	8›	9›	顾客感知的服务质量 C: 服务柔性 C_7

■ 评估"冷链过程质量 B:操作规范性 B_3"的相对重要性

感官质量 A_1

品质检测 A_2

食品包装质量 A_3

附表 2-10　下列各组要素两两比较，对于"冷链过程质量 B:操作规范性 B_3"的相对重要性如何

A	重要性比较																	B
生鲜食品质量 A: 感官质量 A_1	‹9	‹8	‹7	‹6	‹5	‹4	‹3	‹2	1	2›	3›	4›	5›	6›	7›	8›	9›	生鲜食品质量 A: 品质检测 A_2
生鲜食品质量 A: 感官质量 A_1	‹9	‹8	‹7	‹6	‹5	‹4	‹3	‹2	1	2›	3›	4›	5›	6›	7›	8›	9›	生鲜食品质量 A: 食品包装质量 A_3
生鲜食品质量 A: 品质检测 A_2	‹9	‹8	‹7	‹6	‹5	‹4	‹3	‹2	1	2›	3›	4›	5›	6›	7›	8›	9›	生鲜食品质量 A: 食品包装质量 A_3

■ 评估"冷链过程质量 B:设施设备因素 B_4"的相对重要性

温湿度控制 B_1

作业时间管理 B_2

操作规范性 B_3

附表 2-11　下列各组要素两两比较，对于"冷链过程质量 B：设施设备因素 B_4"的
相对重要性如何

A	重要性比较																	B
冷链过程质量 B：温湿度控制 B_1	‹9	‹8	‹7	‹6	‹5	‹4	‹3	‹2	1	2›	3›	4›	5›	6›	7›	8›	9›	冷链过程质量 B：作业时间管理 B_2
冷链过程质量 B：温湿度控制 B_1	‹9	‹8	‹7	‹6	‹5	‹4	‹3	‹2	1	2›	3›	4›	5›	6›	7›	8›	9›	冷链过程质量 B：操作规范性 B_3
冷链过程质量 B：作业时间管理 B_2	‹9	‹8	‹7	‹6	‹5	‹4	‹3	‹2	1	2›	3›	4›	5›	6›	7›	8›	9›	冷链过程质量 B：操作规范性 B_3

■ 评估"冷链过程质量 B：设施设备因素 B_4"的相对重要性

服务人员沟通质量 C_1

产品信息质量 C_2

订货过程 C_3

货品准确率 C_4

误差处理 C_5

服务时效性 C_6

服务柔性 C_7

数字化水平 C_8

附表 2-12　下列各组要素两两比较，对于"冷链过程质量 B：设施设备因素 B_4"的
相对重要性如何

A	重要性比较																	B
顾客感知的服务质量 C：服务人员沟通质量 C_1	‹9	‹8	‹7	‹6	‹5	‹4	‹3	‹2	1	2›	3›	4›	5›	6›	7›	8›	9›	顾客感知的服务质量 C：产品信息质量 C_2
顾客感知的服务质量 C：服务人员沟通质量 C_1	‹9	‹8	‹7	‹6	‹5	‹4	‹3	‹2	1	2›	3›	4›	5›	6›	7›	8›	9›	顾客感知的服务质量 C：订货过程 C_3
顾客感知的服务质量 C：服务人员沟通质量 C_1	‹9	‹8	‹7	‹6	‹5	‹4	‹3	‹2	1	2›	3›	4›	5›	6›	7›	8›	9›	顾客感知的服务质量 C：货品准确率 C_4
顾客感知的服务质量 C：服务人员沟通质量 C_1	‹9	‹8	‹7	‹6	‹5	‹4	‹3	‹2	1	2›	3›	4›	5›	6›	7›	8›	9›	顾客感知的服务质量 C：误差处理 C_5
顾客感知的服务质量 C：服务人员沟通质量 C_1	‹9	‹8	‹7	‹6	‹5	‹4	‹3	‹2	1	2›	3›	4›	5›	6›	7›	8›	9›	顾客感知的服务质量 C：服务时效性 C_6
顾客感知的服务质量 C：服务人员沟通质量 C_1	‹9	‹8	‹7	‹6	‹5	‹4	‹3	‹2	1	2›	3›	4›	5›	6›	7›	8›	9›	顾客感知的服务质量 C：服务柔性 C_7
顾客感知的服务质量 C：服务人员沟通质量 C_1	‹9	‹8	‹7	‹6	‹5	‹4	‹3	‹2	1	2›	3›	4›	5›	6›	7›	8›	9›	顾客感知的服务质量 C：数字化水平 C_8
顾客感知的服务质量 C：产品信息质量 C_2	‹9	‹8	‹7	‹6	‹5	‹4	‹3	‹2	1	2›	3›	4›	5›	6›	7›	8›	9›	顾客感知的服务质量 C：订货过程 C_3

A	重要性比较																	B
顾客感知的服务质量 C：产品信息质量 C_2	‹9	‹8	‹7	‹6	‹5	‹4	‹3	‹2	1	2›	3›	4›	5›	6›	7›	8›	9›	顾客感知的服务质量 C：货品准确率 C_4
顾客感知的服务质量 C：产品信息质量 C_2	‹9	‹8	‹7	‹6	‹5	‹4	‹3	‹2	1	2›	3›	4›	5›	6›	7›	8›	9›	顾客感知的服务质量 C：误差处理 C_5
顾客感知的服务质量 C：产品信息质量 C_2	‹9	‹8	‹7	‹6	‹5	‹4	‹3	‹2	1	2›	3›	4›	5›	6›	7›	8›	9›	顾客感知的服务质量 C：服务时效性 C_6
顾客感知的服务质量 C：产品信息质量 C_2	‹9	‹8	‹7	‹6	‹5	‹4	‹3	‹2	1	2›	3›	4›	5›	6›	7›	8›	9›	顾客感知的服务质量 C：服务柔性 C_7
顾客感知的服务质量 C：产品信息质量 C_2	‹9	‹8	‹7	‹6	‹5	‹4	‹3	‹2	1	2›	3›	4›	5›	6›	7›	8›	9›	顾客感知的服务质量 C：数字化水平 C_8
顾客感知的服务质量 C：订货过程 C_3	‹9	‹8	‹7	‹6	‹5	‹4	‹3	‹2	1	2›	3›	4›	5›	6›	7›	8›	9›	顾客感知的服务质量 C：货品准确率 C_4
顾客感知的服务质量 C：订货过程 C_3	‹9	‹8	‹7	‹6	‹5	‹4	‹3	‹2	1	2›	3›	4›	5›	6›	7›	8›	9›	顾客感知的服务质量 C：误差处理 C_5
顾客感知的服务质量 C：订货过程 C_3	‹9	‹8	‹7	‹6	‹5	‹4	‹3	‹2	1	2›	3›	4›	5›	6›	7›	8›	9›	顾客感知的服务质量 C：服务时效性 C_6
顾客感知的服务质量 C：订货过程 C_3	‹9	‹8	‹7	‹6	‹5	‹4	‹3	‹2	1	2›	3›	4›	5›	6›	7›	8›	9›	顾客感知的服务质量 C：服务柔性 C_7
顾客感知的服务质量 C：订货过程 C_3	‹9	‹8	‹7	‹6	‹5	‹4	‹3	‹2	1	2›	3›	4›	5›	6›	7›	8›	9›	顾客感知的服务质量 C：数字化水平 C_8
顾客感知的服务质量 C：货品准确率 C_4	‹9	‹8	‹7	‹6	‹5	‹4	‹3	‹2	1	2›	3›	4›	5›	6›	7›	8›	9›	顾客感知的服务质量 C：误差处理 C_5
顾客感知的服务质量 C：货品准确率 C_4	‹9	‹8	‹7	‹6	‹5	‹4	‹3	‹2	1	2›	3›	4›	5›	6›	7›	8›	9›	顾客感知的服务质量 C：服务时效性 C_6
顾客感知的服务质量 C：货品准确率 C_4	‹9	‹8	‹7	‹6	‹5	‹4	‹3	‹2	1	2›	3›	4›	5›	6›	7›	8›	9›	顾客感知的服务质量 C：服务柔性 C_7
顾客感知的服务质量 C：货品准确率 C_4	‹9	‹8	‹7	‹6	‹5	‹4	‹3	‹2	1	2›	3›	4›	5›	6›	7›	8›	9›	顾客感知的服务质量 C：数字化水平 C_8
顾客感知的服务质量 C：误差处理 C_5	‹9	‹8	‹7	‹6	‹5	‹4	‹3	‹2	1	2›	3›	4›	5›	6›	7›	8›	9›	顾客感知的服务质量 C：服务时效性 C_6
顾客感知的服务质量 C：误差处理 C_5	‹9	‹8	‹7	‹6	‹5	‹4	‹3	‹2	1	2›	3›	4›	5›	6›	7›	8›	9›	顾客感知的服务质量 C：服务柔性 C_7
顾客感知的服务质量 C：误差处理 C_5	‹9	‹8	‹7	‹6	‹5	‹4	‹3	‹2	1	2›	3›	4›	5›	6›	7›	8›	9›	顾客感知的服务质量 C：数字化水平 C_8
顾客感知的服务质量 C：服务时效性 C_6	‹9	‹8	‹7	‹6	‹5	‹4	‹3	‹2	1	2›	3›	4›	5›	6›	7›	8›	9›	顾客感知的服务质量 C：服务柔性 C_7
顾客感知的服务质量 C：服务时效性 C_6	‹9	‹8	‹7	‹6	‹5	‹4	‹3	‹2	1	2›	3›	4›	5›	6›	7›	8›	9›	顾客感知的服务质量 C：数字化水平 C_8
顾客感知的服务质量 C：服务柔性 C_7	‹9	‹8	‹7	‹6	‹5	‹4	‹3	‹2	1	2›	3›	4›	5›	6›	7›	8›	9›	顾客感知的服务质量 C：数字化水平 C_8

■ 评估"冷链过程质量 B：设施设备因素 B_4"的相对重要性

感官质量 A_1

品质检测 A_2

食品包装质量 A_3

附表 2-13　下列各组要素两两比较，对于"冷链过程质量 B：设施设备因素 B_4"的相对重要性如何

A	重要性比较																	B
生鲜食品质量 A：感官质量 A_1	‹9	‹8	‹7	‹6	‹5	‹4	‹3	‹2	1	2›	3›	4›	5›	6›	7›	8›	9›	生鲜食品质量 A：品质检测 A_2
生鲜食品质量 A：感官质量 A_1	‹9	‹8	‹7	‹6	‹5	‹4	‹3	‹2	1	2›	3›	4›	5›	6›	7›	8›	9›	生鲜食品质量 A：食品包装质量 A_3
生鲜食品质量 A：品质检测 A_2	‹9	‹8	‹7	‹6	‹5	‹4	‹3	‹2	1	2›	3›	4›	5›	6›	7›	8›	9›	生鲜食品质量 A：食品包装质量 A_3

■ 评估"顾客感知的服务质量 C：服务人员沟通质量 C_1"的相对重要性

温湿度控制 B_1

作业时间管理 B_2

操作规范性 B_3

设施设备因素 B_4

附表 2-14　下列各组要素两两比较，对于"顾客感知的服务质量 C：服务人员沟通质量 C_1"的相对重要性如何

A	重要性比较																	B
冷链过程质量 B：温湿度控制 B_1	‹9	‹8	‹7	‹6	‹5	‹4	‹3	‹2	1	2›	3›	4›	5›	6›	7›	8›	9›	冷链过程质量 B：作业时间管理 B_2
冷链过程质量 B：温湿度控制 B_1	‹9	‹8	‹7	‹6	‹5	‹4	‹3	‹2	1	2›	3›	4›	5›	6›	7›	8›	9›	冷链过程质量 B：操作规范性 B_3
冷链过程质量 B：温湿度控制 B_1	‹9	‹8	‹7	‹6	‹5	‹4	‹3	‹2	1	2›	3›	4›	5›	6›	7›	8›	9›	冷链过程质量 B：设施设备因素 B_4
冷链过程质量 B：作业时间管理 B_2	‹9	‹8	‹7	‹6	‹5	‹4	‹3	‹2	1	2›	3›	4›	5›	6›	7›	8›	9›	冷链过程质量 B：操作规范性 B_3
冷链过程质量 B：作业时间管理 B_2	‹9	‹8	‹7	‹6	‹5	‹4	‹3	‹2	1	2›	3›	4›	5›	6›	7›	8›	9›	冷链过程质量 B：设施设备因素 B_4
冷链过程质量 B：操作规范性 B_3	‹9	‹8	‹7	‹6	‹5	‹4	‹3	‹2	1	2›	3›	4›	5›	6›	7›	8›	9›	冷链过程质量 B：设施设备因素 B_4

■ 评估"顾客感知的服务质量 C：服务人员沟通质量 C_1"的相对重要性

产品信息质量 C_2

订货过程 C_3

货品准确率 C_4

误差处理 C_5

服务时效性 C_6

服务柔性 C_7

附表 2-15 下列各组要素两两比较，对于"顾客感知的服务质量 C：服务人员沟通质量 C_1"的相对重要性如何

A	重要性比较	B
顾客感知的服务质量 C：产品信息质量 C_2	‹9 ‹8 ‹7 ‹6 ‹5 ‹4 ‹3 ‹2 1 2› 3› 4› 5› 6› 7› 8› 9›	顾客感知的服务质量 C：订货过程 C_3
顾客感知的服务质量 C：产品信息质量 C_2	‹9 ‹8 ‹7 ‹6 ‹5 ‹4 ‹3 ‹2 1 2› 3› 4› 5› 6› 7› 8› 9›	顾客感知的服务质量 C：货品准确率 C_4
顾客感知的服务质量 C：产品信息质量 C_2	‹9 ‹8 ‹7 ‹6 ‹5 ‹4 ‹3 ‹2 1 2› 3› 4› 5› 6› 7› 8› 9›	顾客感知的服务质量 C：误差处理 C_5
顾客感知的服务质量 C：产品信息质量 C_2	‹9 ‹8 ‹7 ‹6 ‹5 ‹4 ‹3 ‹2 1 2› 3› 4› 5› 6› 7› 8› 9›	顾客感知的服务质量 C：服务时效性 C_6
顾客感知的服务质量 C：产品信息质量 C_2	‹9 ‹8 ‹7 ‹6 ‹5 ‹4 ‹3 ‹2 1 2› 3› 4› 5› 6› 7› 8› 9›	顾客感知的服务质量 C：服务柔性 C_7
顾客感知的服务质量 C：订货过程 C_3	‹9 ‹8 ‹7 ‹6 ‹5 ‹4 ‹3 ‹2 1 2› 3› 4› 5› 6› 7› 8› 9›	顾客感知的服务质量 C：货品准确率 C_4
顾客感知的服务质量 C：订货过程 C_3	‹9 ‹8 ‹7 ‹6 ‹5 ‹4 ‹3 ‹2 1 2› 3› 4› 5› 6› 7› 8› 9›	顾客感知的服务质量 C：误差处理 C_5
顾客感知的服务质量 C：订货过程 C_3	‹9 ‹8 ‹7 ‹6 ‹5 ‹4 ‹3 ‹2 1 2› 3› 4› 5› 6› 7› 8› 9›	顾客感知的服务质量 C：服务时效性 C_6
顾客感知的服务质量 C：订货过程 C_3	‹9 ‹8 ‹7 ‹6 ‹5 ‹4 ‹3 ‹2 1 2› 3› 4› 5› 6› 7› 8› 9›	顾客感知的服务质量 C：服务柔性 C_7
顾客感知的服务质量 C：货品准确率 C_4	‹9 ‹8 ‹7 ‹6 ‹5 ‹4 ‹3 ‹2 1 2› 3› 4› 5› 6› 7› 8› 9›	顾客感知的服务质量 C：误差处理 C_5
顾客感知的服务质量 C：货品准确率 C_4	‹9 ‹8 ‹7 ‹6 ‹5 ‹4 ‹3 ‹2 1 2› 3› 4› 5› 6› 7› 8› 9›	顾客感知的服务质量 C：服务时效性 C_6
顾客感知的服务质量 C：货品准确率 C_4	‹9 ‹8 ‹7 ‹6 ‹5 ‹4 ‹3 ‹2 1 2› 3› 4› 5› 6› 7› 8› 9›	顾客感知的服务质量 C：服务柔性 C_7
顾客感知的服务质量 C：误差处理 C_5	‹9 ‹8 ‹7 ‹6 ‹5 ‹4 ‹3 ‹2 1 2› 3› 4› 5› 6› 7› 8› 9›	顾客感知的服务质量 C：服务时效性 C_6
顾客感知的服务质量 C：误差处理 C_5	‹9 ‹8 ‹7 ‹6 ‹5 ‹4 ‹3 ‹2 1 2› 3› 4› 5› 6› 7› 8› 9›	顾客感知的服务质量 C：服务柔性 C_7
顾客感知的服务质量 C：服务时效性 C_6	‹9 ‹8 ‹7 ‹6 ‹5 ‹4 ‹3 ‹2 1 2› 3› 4› 5› 6› 7› 8› 9›	顾客感知的服务质量 C：服务柔性 C_7

■ 评估"顾客感知的服务质量 C：产品信息质量 C_2"的相对重要性

温湿度控制 B_1

作业时间管理 B_2

操作规范性 B_3

设施设备因素 B_4

附表 2-16　下列各组要素两两比较，对于"顾客感知的服务质量 C：产品
信息质量 C_2"的相对重要性如何

A	重要性比较																	B
冷链过程质量 B：温湿度控制 B_1	‹9	‹8	‹7	‹6	‹5	‹4	‹3	‹2	1	2›	3›	4›	5›	6›	7›	8›	9›	冷链过程质量 B：作业时间管理 B_2
冷链过程质量 B：温湿度控制 B_1	‹9	‹8	‹7	‹6	‹5	‹4	‹3	‹2	1	2›	3›	4›	5›	6›	7›	8›	9›	冷链过程质量 B：操作规范性 B_3
冷链过程质量 B：温湿度控制 B_1	‹9	‹8	‹7	‹6	‹5	‹4	‹3	‹2	1	2›	3›	4›	5›	6›	7›	8›	9›	冷链过程质量 B：设施设备因素 B_4
冷链过程质量 B：作业时间管理 B_2	‹9	‹8	‹7	‹6	‹5	‹4	‹3	‹2	1	2›	3›	4›	5›	6›	7›	8›	9›	冷链过程质量 B：操作规范性 B_3
冷链过程质量 B：作业时间管理 B_2	‹9	‹8	‹7	‹6	‹5	‹4	‹3	‹2	1	2›	3›	4›	5›	6›	7›	8›	9›	冷链过程质量 B：设施设备因素 B_4
冷链过程质量 B：操作规范性 B_3	‹9	‹8	‹7	‹6	‹5	‹4	‹3	‹2	1	2›	3›	4›	5›	6›	7›	8›	9›	冷链过程质量 B：设施设备因素 B_4

■ 评估"顾客感知的服务质量 C：产品信息质量 C_2"的相对重要性

服务人员沟通质量 C_1

订货过程 C_3

货品准确率 C_4

误差处理 C_5

服务时效性 C_6

服务柔性 C_7

数字化水平 C_8

附表 2-17　下列各组要素两两比较，对于"顾客感知的服务质量 C：产品
信息质量 C_2"的相对重要性如何

A	重要性比较																	B
顾客感知的服务质量 C：服务人员沟通质量 C_1	‹9	‹8	‹7	‹6	‹5	‹4	‹3	‹2	1	2›	3›	4›	5›	6›	7›	8›	9›	顾客感知的服务质量 C：订货过程 C_3
顾客感知的服务质量 C：服务人员沟通质量 C_1	‹9	‹8	‹7	‹6	‹5	‹4	‹3	‹2	1	2›	3›	4›	5›	6›	7›	8›	9›	顾客感知的服务质量 C：货品准确率 C_4

A	重要性比较																	B
	‹9	‹8	‹7	‹6	‹5	‹4	‹3	‹2	1	2›	3›	4›	5›	6›	7›	8›	9›	
顾客感知的服务质量 C：服务人员沟通质量 C_1																		顾客感知的服务质量 C：误差处理 C_5
顾客感知的服务质量 C：服务人员沟通质量 C_1																		顾客感知的服务质量 C：服务时效性 C_6
顾客感知的服务质量 C：服务人员沟通质量 C_1																		顾客感知的服务质量 C：服务柔性 C_7
顾客感知的服务质量 C：服务人员沟通质量 C_1																		顾客感知的服务质量 C：数字化水平 C_8
顾客感知的服务质量 C：订货过程 C_3																		顾客感知的服务质量 C：货品准确率 C_4
顾客感知的服务质量 C：订货过程 C_3																		顾客感知的服务质量 C：误差处理 C_5
顾客感知的服务质量 C：订货过程 C_3																		顾客感知的服务质量 C：服务时效性 C_6
顾客感知的服务质量 C：订货过程 C_3																		顾客感知的服务质量 C：服务柔性 C_7
顾客感知的服务质量 C：订货过程 C_3																		顾客感知的服务质量 C：数字化水平 C_8
顾客感知的服务质量 C：货品准确率 C_4																		顾客感知的服务质量 C：误差处理 C_5
顾客感知的服务质量 C：货品准确率 C_4																		顾客感知的服务质量 C：服务时效性 C_6
顾客感知的服务质量 C：货品准确率 C_4																		顾客感知的服务质量 C：服务柔性 C_7
顾客感知的服务质量 C：货品准确率 C_4																		顾客感知的服务质量 C：数字化水平 C_8
顾客感知的服务质量 C：误差处理 C_5																		顾客感知的服务质量 C：服务时效性 C_6
顾客感知的服务质量 C：误差处理 C_5																		顾客感知的服务质量 C：服务柔性 C_7
顾客感知的服务质量 C：误差处理 C_5																		顾客感知的服务质量 C：数字化水平 C_8
顾客感知的服务质量 C：服务时效性 C_6																		顾客感知的服务质量 C：服务柔性 C_7
顾客感知的服务质量 C：服务时效性 C_6																		顾客感知的服务质量 C：数字化水平 C_8
顾客感知的服务质量 C：服务柔性 C_7																		顾客感知的服务质量 C：数字化水平 C_8

■ 评估"顾客感知的服务质量 C：订货过程 C_3"的相对重要性

温湿度控制 B_1

作业时间管理 B_2

操作规范性 B_3

设施设备因素 B_4

附表 2-18　下列各组要素两两比较，对于"顾客感知的服务质量 C：
订货过程 C_3"的相对重要性如何

A	重要性比较	B
冷链过程质量 B： 温湿度控制 B_1	‹9 ‹8 ‹7 ‹6 ‹5 ‹4 ‹3 ‹2 1 2› 3› 4› 5› 6› 7› 8› 9›	冷链过程质量 B： 作业时间管理 B_2
冷链过程质量 B： 温湿度控制 B_1	‹9 ‹8 ‹7 ‹6 ‹5 ‹4 ‹3 ‹2 1 2› 3› 4› 5› 6› 7› 8› 9›	冷链过程质量 B： 操作规范性 B_3
冷链过程质量 B： 温湿度控制 B_1	‹9 ‹8 ‹7 ‹6 ‹5 ‹4 ‹3 ‹2 1 2› 3› 4› 5› 6› 7› 8› 9›	冷链过程质量 B： 设施设备因素 B_4
冷链过程质量 B： 作业时间管理 B_2	‹9 ‹8 ‹7 ‹6 ‹5 ‹4 ‹3 ‹2 1 2› 3› 4› 5› 6› 7› 8› 9›	冷链过程质量 B： 操作规范性 B_3
冷链过程质量 B： 作业时间管理 B_2	‹9 ‹8 ‹7 ‹6 ‹5 ‹4 ‹3 ‹2 1 2› 3› 4› 5› 6› 7› 8› 9›	冷链过程质量 B： 设施设备因素 B_4
冷链过程质量 B： 操作规范性 B_3	‹9 ‹8 ‹7 ‹6 ‹5 ‹4 ‹3 ‹2 1 2› 3› 4› 5› 6› 7› 8› 9›	冷链过程质量 B： 设施设备因素 B_4

■ 评估"顾客感知的服务质量 C：订货过程 C_3"的相对重要性

服务人员沟通质量 C_1

产品信息质量 C_2

货品准确率 C_4

服务时效性 C_6

服务柔性 C_7

附表 2-19　下列各组要素两两比较，对于"顾客感知的服务质量 C：
订货过程 C_3"的相对重要性如何

A	重要性比较	B
顾客感知的服务质量 C： 服务人员沟通质量 C_1	‹9 ‹8 ‹7 ‹6 ‹5 ‹4 ‹3 ‹2 1 2› 3› 4› 5› 6› 7› 8› 9›	顾客感知的服务质量 C： 产品信息质量 C_2
顾客感知的服务质量 C： 服务人员沟通质量 C_1	‹9 ‹8 ‹7 ‹6 ‹5 ‹4 ‹3 ‹2 1 2› 3› 4› 5› 6› 7› 8› 9›	顾客感知的服务质量 C： 货品准确率 C_4
顾客感知的服务质量 C： 服务人员沟通质量 C_1	‹9 ‹8 ‹7 ‹6 ‹5 ‹4 ‹3 ‹2 1 2› 3› 4› 5› 6› 7› 8› 9›	顾客感知的服务质量 C： 服务时效性 C_6

A	重要性比较	B
顾客感知的服务质量 C：服务人员沟通质量 C_1	‹9 ‹8 ‹7 ‹6 ‹5 ‹4 ‹3 ‹2 1 2› 3› 4› 5› 6› 7› 8› 9›	顾客感知的服务质量 C：服务柔性 C_7
顾客感知的服务质量 C：产品信息质量 C_2	‹9 ‹8 ‹7 ‹6 ‹5 ‹4 ‹3 ‹2 1 2› 3› 4› 5› 6› 7› 8› 9›	顾客感知的服务质量 C：货品准确率 C_4
顾客感知的服务质量 C：产品信息质量 C_2	‹9 ‹8 ‹7 ‹6 ‹5 ‹4 ‹3 ‹2 1 2› 3› 4› 5› 6› 7› 8› 9›	顾客感知的服务质量 C：服务时效性 C_6
顾客感知的服务质量 C：产品信息质量 C_2	‹9 ‹8 ‹7 ‹6 ‹5 ‹4 ‹3 ‹2 1 2› 3› 4› 5› 6› 7› 8› 9›	顾客感知的服务质量 C：服务柔性 C_7
顾客感知的服务质量 C：货品准确率 C_4	‹9 ‹8 ‹7 ‹6 ‹5 ‹4 ‹3 ‹2 1 2› 3› 4› 5› 6› 7› 8› 9›	顾客感知的服务质量 C：服务时效性 C_6
顾客感知的服务质量 C：货品准确率 C_4	‹9 ‹8 ‹7 ‹6 ‹5 ‹4 ‹3 ‹2 1 2› 3› 4› 5› 6› 7› 8› 9›	顾客感知的服务质量 C：服务柔性 C_7
顾客感知的服务质量 C：服务时效性 C_6	‹9 ‹8 ‹7 ‹6 ‹5 ‹4 ‹3 ‹2 1 2› 3› 4› 5› 6› 7› 8› 9›	顾客感知的服务质量 C：服务柔性 C_7

■ 评估"顾客感知的服务质量 C：误差处理 C_5"的相对重要性

产品信息质量 C_2

货品准确率 C_4

服务时效性 C_6

服务柔性 C_7

附表2-20　下列各组要素两两比较，对于"顾客感知的服务质量 C：误差处理 C_5"的相对重要性如何

A	重要性比较	B
顾客感知的服务质量 C：产品信息质量 C_2	‹9 ‹8 ‹7 ‹6 ‹5 ‹4 ‹3 ‹2 1 2› 3› 4› 5› 6› 7› 8› 9›	顾客感知的服务质量 C：货品准确率 C_4
顾客感知的服务质量 C：产品信息质量 C_2	‹9 ‹8 ‹7 ‹6 ‹5 ‹4 ‹3 ‹2 1 2› 3› 4› 5› 6› 7› 8› 9›	顾客感知的服务质量 C：服务时效性 C_6
顾客感知的服务质量 C：产品信息质量 C_2	‹9 ‹8 ‹7 ‹6 ‹5 ‹4 ‹3 ‹2 1 2› 3› 4› 5› 6› 7› 8› 9›	顾客感知的服务质量 C：服务柔性 C_7
顾客感知的服务质量 C：货品准确率 C_4	‹9 ‹8 ‹7 ‹6 ‹5 ‹4 ‹3 ‹2 1 2› 3› 4› 5› 6› 7› 8› 9›	顾客感知的服务质量 C：服务时效性 C_6
顾客感知的服务质量 C：货品准确率 C_4	‹9 ‹8 ‹7 ‹6 ‹5 ‹4 ‹3 ‹2 1 2› 3› 4› 5› 6› 7› 8› 9›	顾客感知的服务质量 C：服务柔性 C_7
顾客感知的服务质量 C：服务时效性 C_6	‹9 ‹8 ‹7 ‹6 ‹5 ‹4 ‹3 ‹2 1 2› 3› 4› 5› 6› 7› 8› 9›	顾客感知的服务质量 C：服务柔性 C_7

■ 评估"顾客感知的服务质量 C：数字化水平 C_8"的相对重要性

温湿度控制 B_1

作业时间管理 B_2

操作规范性 B_3

设施设备因素 B_4

附表 2-21　下列各组要素两两比较，对于"顾客感知的服务质量 C：数字化水平 C_8"的相对重要性如何

A	重要性比较																	B
冷链过程质量 B：温湿度控制 B_1	‹9	‹8	‹7	‹6	‹5	‹4	‹3	‹2	1	2›	3›	4›	5›	6›	7›	8›	9›	冷链过程质量 B：作业时间管理 B_2
冷链过程质量 B：温湿度控制 B_1	‹9	‹8	‹7	‹6	‹5	‹4	‹3	‹2	1	2›	3›	4›	5›	6›	7›	8›	9›	冷链过程质量 B：操作规范性 B_3
冷链过程质量 B：温湿度控制 B_1	‹9	‹8	‹7	‹6	‹5	‹4	‹3	‹2	1	2›	3›	4›	5›	6›	7›	8›	9›	冷链过程质量 B：设施设备因素 B_4
冷链过程质量 B：作业时间管理 B_2	‹9	‹8	‹7	‹6	‹5	‹4	‹3	‹2	1	2›	3›	4›	5›	6›	7›	8›	9›	冷链过程质量 B：操作规范性 B_3
冷链过程质量 B：作业时间管理 B_2	‹9	‹8	‹7	‹6	‹5	‹4	‹3	‹2	1	2›	3›	4›	5›	6›	7›	8›	9›	冷链过程质量 B：设施设备因素 B_4
冷链过程质量 B：操作规范性 B_3	‹9	‹8	‹7	‹6	‹5	‹4	‹3	‹2	1	2›	3›	4›	5›	6›	7›	8›	9›	冷链过程质量 B：设施设备因素 B_4

■ 评估"顾客感知的服务质量 C：数字化水平 C_8"的相对重要性

服务人员沟通质量 C_1

产品信息质量 C_2

订货过程 C_3

货品准确率 C_4

误差处理 C_5

服务时效性 C_6

服务柔性 C_7

附表 2-22　下列各组要素两两比较，对于"顾客感知的服务质量 C：数字化水平 C_8"的相对重要性如何

A	重要性比较																	B
顾客感知的服务质量 C：服务人员沟通质量 C_1	‹9	‹8	‹7	‹6	‹5	‹4	‹3	‹2	1	2›	3›	4›	5›	6›	7›	8›	9›	顾客感知的服务质量 C：产品信息质量 C_2
顾客感知的服务质量 C：服务人员沟通质量 C_1	‹9	‹8	‹7	‹6	‹5	‹4	‹3	‹2	1	2›	3›	4›	5›	6›	7›	8›	9›	顾客感知的服务质量 C：订货过程 C_3

A	重要性比较	B
顾客感知的服务质量C: 服务人员沟通质量C_1	‹9 ‹8 ‹7 ‹6 ‹5 ‹4 ‹3 ‹2 1 2› 3› 4› 5› 6› 7› 8› 9›	顾客感知的服务质量C: 货品准确率C_4
顾客感知的服务质量C: 服务人员沟通质量C_1	‹9 ‹8 ‹7 ‹6 ‹5 ‹4 ‹3 ‹2 1 2› 3› 4› 5› 6› 7› 8› 9›	顾客感知的服务质量C: 误差处理C_5
顾客感知的服务质量C: 服务人员沟通质量C_1	‹9 ‹8 ‹7 ‹6 ‹5 ‹4 ‹3 ‹2 1 2› 3› 4› 5› 6› 7› 8› 9›	顾客感知的服务质量C: 服务时效性C_6
顾客感知的服务质量C: 服务人员沟通质量C_1	‹9 ‹8 ‹7 ‹6 ‹5 ‹4 ‹3 ‹2 1 2› 3› 4› 5› 6› 7› 8› 9›	顾客感知的服务质量C: 服务柔性C_7
顾客感知的服务质量C: 产品信息质量C_2	‹9 ‹8 ‹7 ‹6 ‹5 ‹4 ‹3 ‹2 1 2› 3› 4› 5› 6› 7› 8› 9›	顾客感知的服务质量C: 订货过程C_3
顾客感知的服务质量C: 产品信息质量C_2	‹9 ‹8 ‹7 ‹6 ‹5 ‹4 ‹3 ‹2 1 2› 3› 4› 5› 6› 7› 8› 9›	顾客感知的服务质量C: 货品准确率C_4
顾客感知的服务质量C: 产品信息质量C_2	‹9 ‹8 ‹7 ‹6 ‹5 ‹4 ‹3 ‹2 1 2› 3› 4› 5› 6› 7› 8› 9›	顾客感知的服务质量C: 误差处理C_5
顾客感知的服务质量C: 产品信息质量C_2	‹9 ‹8 ‹7 ‹6 ‹5 ‹4 ‹3 ‹2 1 2› 3› 4› 5› 6› 7› 8› 9›	顾客感知的服务质量C: 服务时效性C_6
顾客感知的服务质量C: 产品信息质量C_2	‹9 ‹8 ‹7 ‹6 ‹5 ‹4 ‹3 ‹2 1 2› 3› 4› 5› 6› 7› 8› 9›	顾客感知的服务质量C: 服务柔性C_7
顾客感知的服务质量C: 订货过程C_3	‹9 ‹8 ‹7 ‹6 ‹5 ‹4 ‹3 ‹2 1 2› 3› 4› 5› 6› 7› 8› 9›	顾客感知的服务质量C: 货品准确率C_4
顾客感知的服务质量C: 订货过程C_3	‹9 ‹8 ‹7 ‹6 ‹5 ‹4 ‹3 ‹2 1 2› 3› 4› 5› 6› 7› 8› 9›	顾客感知的服务质量C: 误差处理C_5
顾客感知的服务质量C: 订货过程C_3	‹9 ‹8 ‹7 ‹6 ‹5 ‹4 ‹3 ‹2 1 2› 3› 4› 5› 6› 7› 8› 9›	顾客感知的服务质量C: 服务时效性C_6
顾客感知的服务质量C: 订货过程C_3	‹9 ‹8 ‹7 ‹6 ‹5 ‹4 ‹3 ‹2 1 2› 3› 4› 5› 6› 7› 8› 9›	顾客感知的服务质量C: 服务柔性C_7
顾客感知的服务质量C: 货品准确率C_4	‹9 ‹8 ‹7 ‹6 ‹5 ‹4 ‹3 ‹2 1 2› 3› 4› 5› 6› 7› 8› 9›	顾客感知的服务质量C: 误差处理C_5
顾客感知的服务质量C: 货品准确率C_4	‹9 ‹8 ‹7 ‹6 ‹5 ‹4 ‹3 ‹2 1 2› 3› 4› 5› 6› 7› 8› 9›	顾客感知的服务质量C: 服务时效性C_6
顾客感知的服务质量C: 货品准确率C_4	‹9 ‹8 ‹7 ‹6 ‹5 ‹4 ‹3 ‹2 1 2› 3› 4› 5› 6› 7› 8› 9›	顾客感知的服务质量C: 服务柔性C_7
顾客感知的服务质量C: 误差处理C_5	‹9 ‹8 ‹7 ‹6 ‹5 ‹4 ‹3 ‹2 1 2› 3› 4› 5› 6› 7› 8› 9›	顾客感知的服务质量C: 服务时效性C_6
顾客感知的服务质量C: 误差处理C_5	‹9 ‹8 ‹7 ‹6 ‹5 ‹4 ‹3 ‹2 1 2› 3› 4› 5› 6› 7› 8› 9›	顾客感知的服务质量C: 服务柔性C_7
顾客感知的服务质量C: 服务时效性C_6	‹9 ‹8 ‹7 ‹6 ‹5 ‹4 ‹3 ‹2 1 2› 3› 4› 5› 6› 7› 8› 9›	顾客感知的服务质量C: 服务柔性C_7

■ 评估"生鲜食品质量 A：感官质量 A_1"的相对重要性

产品信息质量 C_2

货品准确率 C_4

误差处理 C_5

服务时效性 C_6

服务柔性 C_7

附表 2-23 下列各组要素两两比较，对于"生鲜食品质量 A：感官质量 A_1"的相对重要性如何

A	重要性比较																	B
顾客感知的服务质量 C：产品信息质量 C_2	‹9	‹8	‹7	‹6	‹5	‹4	‹3	‹2	1	2›	3›	4›	5›	6›	7›	8›	9›	顾客感知的服务质量 C：货品准确率 C_4
顾客感知的服务质量 C：产品信息质量 C_2	‹9	‹8	‹7	‹6	‹5	‹4	‹3	‹2	1	2›	3›	4›	5›	6›	7›	8›	9›	顾客感知的服务质量 C：误差处理 C_5
顾客感知的服务质量 C：产品信息质量 C_2	‹9	‹8	‹7	‹6	‹5	‹4	‹3	‹2	1	2›	3›	4›	5›	6›	7›	8›	9›	顾客感知的服务质量 C：服务时效性 C_6
顾客感知的服务质量 C：产品信息质量 C_2	‹9	‹8	‹7	‹6	‹5	‹4	‹3	‹2	1	2›	3›	4›	5›	6›	7›	8›	9›	顾客感知的服务质量 C：服务柔性 C_7
顾客感知的服务质量 C：货品准确率 C_4	‹9	‹8	‹7	‹6	‹5	‹4	‹3	‹2	1	2›	3›	4›	5›	6›	7›	8›	9›	顾客感知的服务质量 C：误差处理 C_5
顾客感知的服务质量 C：货品准确率 C_4	‹9	‹8	‹7	‹6	‹5	‹4	‹3	‹2	1	2›	3›	4›	5›	6›	7›	8›	9›	顾客感知的服务质量 C：服务时效性 C_6
顾客感知的服务质量 C：货品准确率 C_4	‹9	‹8	‹7	‹6	‹5	‹4	‹3	‹2	1	2›	3›	4›	5›	6›	7›	8›	9›	顾客感知的服务质量 C：服务柔性 C_7
顾客感知的服务质量 C：误差处理 C_5	‹9	‹8	‹7	‹6	‹5	‹4	‹3	‹2	1	2›	3›	4›	5›	6›	7›	8›	9›	顾客感知的服务质量 C：服务时效性 C_6
顾客感知的服务质量 C：误差处理 C_5	‹9	‹8	‹7	‹6	‹5	‹4	‹3	‹2	1	2›	3›	4›	5›	6›	7›	8›	9›	顾客感知的服务质量 C：服务柔性 C_7
顾客感知的服务质量 C：服务时效性 C_6	‹9	‹8	‹7	‹6	‹5	‹4	‹3	‹2	1	2›	3›	4›	5›	6›	7›	8›	9›	顾客感知的服务质量 C：服务柔性 C_7

■ 评估"生鲜食品质量 A：感官质量 A_1"的相对重要性

品质检测 A_2

食品包装质量 A_3

附表 2-24 下列各组要素两两比较，对于"生鲜食品质量 A：感官质量 A_1"的相对重要性如何

A	重要性比较																	B
生鲜食品质量 A：品质检测 A_2	‹9	‹8	‹7	‹6	‹5	‹4	‹3	‹2	1	2›	3›	4›	5›	6›	7›	8›	9›	生鲜食品质量 A：食品包装质量 A_3

■ 评估"生鲜食品质量 A：品质检测 A_2"的相对重要性

产品信息质量 C_2

货品准确率 C_4

误差处理 C_5

服务时效性 C_6

服务柔性 C_7

附表 2-25　下列各组要素两两比较，对于"生鲜食品质量 A：品质检测 A_2"的
相对重要性如何

A	重要性比较	B
顾客感知的服务质量 C：产品信息质量 C_2	‹9 ‹8 ‹7 ‹6 ‹5 ‹4 ‹3 ‹2 1 2› 3› 4› 5› 6› 7› 8› 9›	顾客感知的服务质量 C：货品准确率 C_4
顾客感知的服务质量 C：产品信息质量 C_2	‹9 ‹8 ‹7 ‹6 ‹5 ‹4 ‹3 ‹2 1 2› 3› 4› 5› 6› 7› 8› 9›	顾客感知的服务质量 C：误差处理 C_5
顾客感知的服务质量 C：产品信息质量 C_2	‹9 ‹8 ‹7 ‹6 ‹5 ‹4 ‹3 ‹2 1 2› 3› 4› 5› 6› 7› 8› 9›	顾客感知的服务质量 C：服务时效性 C_6
顾客感知的服务质量 C：产品信息质量 C_2	‹9 ‹8 ‹7 ‹6 ‹5 ‹4 ‹3 ‹2 1 2› 3› 4› 5› 6› 7› 8› 9›	顾客感知的服务质量 C：服务柔性 C_7
顾客感知的服务质量 C：货品准确率 C_4	‹9 ‹8 ‹7 ‹6 ‹5 ‹4 ‹3 ‹2 1 2› 3› 4› 5› 6› 7› 8› 9›	顾客感知的服务质量 C：误差处理 C_5
顾客感知的服务质量 C：货品准确率 C_4	‹9 ‹8 ‹7 ‹6 ‹5 ‹4 ‹3 ‹2 1 2› 3› 4› 5› 6› 7› 8› 9›	顾客感知的服务质量 C：服务时效性 C_6
顾客感知的服务质量 C：货品准确率 C_4	‹9 ‹8 ‹7 ‹6 ‹5 ‹4 ‹3 ‹2 1 2› 3› 4› 5› 6› 7› 8› 9›	顾客感知的服务质量 C：服务柔性 C_7
顾客感知的服务质量 C：误差处理 C_5	‹9 ‹8 ‹7 ‹6 ‹5 ‹4 ‹3 ‹2 1 2› 3› 4› 5› 6› 7› 8› 9›	顾客感知的服务质量 C：服务时效性 C_6
顾客感知的服务质量 C：误差处理 C_5	‹9 ‹8 ‹7 ‹6 ‹5 ‹4 ‹3 ‹2 1 2› 3› 4› 5› 6› 7› 8› 9›	顾客感知的服务质量 C：服务柔性 C_7
顾客感知的服务质量 C：服务时效性 C_6	‹9 ‹8 ‹7 ‹6 ‹5 ‹4 ‹3 ‹2 1 2› 3› 4› 5› 6› 7› 8› 9›	顾客感知的服务质量 C：服务柔性 C_7

■ 评估"生鲜食品质量 A：品质检测 A_2"的相对重要性

感官质量 A_1

食品包装质量 A_3

附表 2-26　下列各组要素两两比较，对于"生鲜食品质量 A：品质检测 A_2"的
相对重要性如何

A	重要性比较	B
生鲜食品质量 A：感官质量 A_1	‹9 ‹8 ‹7 ‹6 ‹5 ‹4 ‹3 ‹2 1 2› 3› 4› 5› 6› 7› 8› 9›	生鲜食品质量 A：食品包装质量 A_3

■ 评估"生鲜食品质量 A：食品包装质量 A_3"的相对重要性

服务人员沟通质量 C_1

产品信息质量 C_2

订货过程 C_3

货品准确率 C_4

误差处理 C_5

服务时效性 C_6

服务柔性 C_7

数字化水平 C_8

附表 2-27　下列各组要素两两比较，对于"生鲜食品质量 A：食品包装质量 A_3"的
相对重要性如何

A	重要性比较	B
顾客感知的服务质量 C： 服务人员沟通质量 C_1	‹9 ‹8 ‹7 ‹6 ‹5 ‹4 ‹3 ‹2 1 2› 3› 4› 5› 6› 7› 8› 9›	顾客感知的服务质量 C： 产品信息质量 C_2
顾客感知的服务质量 C： 服务人员沟通质量 C_1	‹9 ‹8 ‹7 ‹6 ‹5 ‹4 ‹3 ‹2 1 2› 3› 4› 5› 6› 7› 8› 9›	顾客感知的服务质量 C： 订货过程 C_3
顾客感知的服务质量 C： 服务人员沟通质量 C_1	‹9 ‹8 ‹7 ‹6 ‹5 ‹4 ‹3 ‹2 1 2› 3› 4› 5› 6› 7› 8› 9›	顾客感知的服务质量 C： 货品准确率 C_4
顾客感知的服务质量 C： 服务人员沟通质量 C_1	‹9 ‹8 ‹7 ‹6 ‹5 ‹4 ‹3 ‹2 1 2› 3› 4› 5› 6› 7› 8› 9›	顾客感知的服务质量 C： 误差处理 C_5
顾客感知的服务质量 C： 服务人员沟通质量 C_1	‹9 ‹8 ‹7 ‹6 ‹5 ‹4 ‹3 ‹2 1 2› 3› 4› 5› 6› 7› 8› 9›	顾客感知的服务质量 C： 服务时效性 C_6
顾客感知的服务质量 C： 服务人员沟通质量 C_1	‹9 ‹8 ‹7 ‹6 ‹5 ‹4 ‹3 ‹2 1 2› 3› 4› 5› 6› 7› 8› 9›	顾客感知的服务质量 C： 服务柔性 C_7
顾客感知的服务质量 C： 服务人员沟通质量 C_1	‹9 ‹8 ‹7 ‹6 ‹5 ‹4 ‹3 ‹2 1 2› 3› 4› 5› 6› 7› 8› 9›	顾客感知的服务质量 C： 数字化水平 C_8
顾客感知的服务质量 C： 产品信息质量 C_2	‹9 ‹8 ‹7 ‹6 ‹5 ‹4 ‹3 ‹2 1 2› 3› 4› 5› 6› 7› 8› 9›	顾客感知的服务质量 C： 订货过程 C_3
顾客感知的服务质量 C： 产品信息质量 C_2	‹9 ‹8 ‹7 ‹6 ‹5 ‹4 ‹3 ‹2 1 2› 3› 4› 5› 6› 7› 8› 9›	顾客感知的服务质量 C： 货品准确率 C_4
顾客感知的服务质量 C： 产品信息质量 C_2	‹9 ‹8 ‹7 ‹6 ‹5 ‹4 ‹3 ‹2 1 2› 3› 4› 5› 6› 7› 8› 9›	顾客感知的服务质量 C： 误差处理 C_5
顾客感知的服务质量 C： 产品信息质量 C_2	‹9 ‹8 ‹7 ‹6 ‹5 ‹4 ‹3 ‹2 1 2› 3› 4› 5› 6› 7› 8› 9›	顾客感知的服务质量 C： 服务时效性 C_6

A	重要性比较																		B
顾客感知的服务质量 C：产品信息质量 C_2	‹9	‹8	‹7	‹6	‹5	‹4	‹3	‹2	1	2›	3›	4›	5›	6›	7›	8›	9›		顾客感知的服务质量 C：服务柔性 C_7
顾客感知的服务质量 C：产品信息质量 C_2	‹9	‹8	‹7	‹6	‹5	‹4	‹3	‹2	1	2›	3›	4›	5›	6›	7›	8›	9›		顾客感知的服务质量 C：数字化水平 C_8
顾客感知的服务质量 C：订货过程 C_3	‹9	‹8	‹7	‹6	‹5	‹4	‹3	‹2	1	2›	3›	4›	5›	6›	7›	8›	9›		顾客感知的服务质量 C：货品准确率 C_4
顾客感知的服务质量 C：订货过程 C_3	‹9	‹8	‹7	‹6	‹5	‹4	‹3	‹2	1	2›	3›	4›	5›	6›	7›	8›	9›		顾客感知的服务质量 C：误差处理 C_5
顾客感知的服务质量 C：订货过程 C_3	‹9	‹8	‹7	‹6	‹5	‹4	‹3	‹2	1	2›	3›	4›	5›	6›	7›	8›	9›		顾客感知的服务质量 C：服务时效性 C_6
顾客感知的服务质量 C：订货过程 C_3	‹9	‹8	‹7	‹6	‹5	‹4	‹3	‹2	1	2›	3›	4›	5›	6›	7›	8›	9›		顾客感知的服务质量 C：服务柔性 C_7
顾客感知的服务质量 C：订货过程 C_3	‹9	‹8	‹7	‹6	‹5	‹4	‹3	‹2	1	2›	3›	4›	5›	6›	7›	8›	9›		顾客感知的服务质量 C：数字化水平 C_8
顾客感知的服务质量 C：货品准确率 C_4	‹9	‹8	‹7	‹6	‹5	‹4	‹3	‹2	1	2›	3›	4›	5›	6›	7›	8›	9›		顾客感知的服务质量 C：误差处理 C_5
顾客感知的服务质量 C：货品准确率 C_4	‹9	‹8	‹7	‹6	‹5	‹4	‹3	‹2	1	2›	3›	4›	5›	6›	7›	8›	9›		顾客感知的服务质量 C：服务时效性 C_6
顾客感知的服务质量 C：货品准确率 C_4	‹9	‹8	‹7	‹6	‹5	‹4	‹3	‹2	1	2›	3›	4›	5›	6›	7›	8›	9›		顾客感知的服务质量 C：服务柔性 C_7
顾客感知的服务质量 C：货品准确率 C_4	‹9	‹8	‹7	‹6	‹5	‹4	‹3	‹2	1	2›	3›	4›	5›	6›	7›	8›	9›		顾客感知的服务质量 C：数字化水平 C_8
顾客感知的服务质量 C：误差处理 C_5	‹9	‹8	‹7	‹6	‹5	‹4	‹3	‹2	1	2›	3›	4›	5›	6›	7›	8›	9›		顾客感知的服务质量 C：服务时效性 C_6
顾客感知的服务质量 C：误差处理 C_5	‹9	‹8	‹7	‹6	‹5	‹4	‹3	‹2	1	2›	3›	4›	5›	6›	7›	8›	9›		顾客感知的服务质量 C：服务柔性 C_7
顾客感知的服务质量 C：误差处理 C_5	‹9	‹8	‹7	‹6	‹5	‹4	‹3	‹2	1	2›	3›	4›	5›	6›	7›	8›	9›		顾客感知的服务质量 C：数字化水平 C_8
顾客感知的服务质量 C：服务时效性 C_6	‹9	‹8	‹7	‹6	‹5	‹4	‹3	‹2	1	2›	3›	4›	5›	6›	7›	8›	9›		顾客感知的服务质量 C：服务柔性 C_7
顾客感知的服务质量 C：服务时效性 C_6	‹9	‹8	‹7	‹6	‹5	‹4	‹3	‹2	1	2›	3›	4›	5›	6›	7›	8›	9›		顾客感知的服务质量 C：数字化水平 C_8
顾客感知的服务质量 C：服务柔性 C_7	‹9	‹8	‹7	‹6	‹5	‹4	‹3	‹2	1	2›	3›	4›	5›	6›	7›	8›	9›		顾客感知的服务质量 C：数字化水平 C_8

■ 评估"生鲜食品质量 A：食品包装质量 A_3"的相对重要性

感官质量 A_1

品质检测 A_2

附表 2-28　下列各组要素两两比较，对于"生鲜食品质量 A：食品包装质量 A_3"的
相对重要性如何

A	重要性比较																	B
生鲜食品质量 A： 感官质量 A_1	‹9	‹8	‹7	‹6	‹5	‹4	‹3	‹2	1	2›	3›	4›	5›	6›	7›	8›	9›	生鲜食品质量 A： 品质检测 A_2

问卷结束，谢谢合作！

附录 C
焦点团体访谈记录的汇总整理

第一，对于基于文献研究所确定的生鲜食品冷链物流服务质量评价维度、评价指标及指标说明的看法与建议有哪些？

（1）专家组对本书研究工作中选择的三项评价维度，即生鲜食品质量维度、冷链物流过程质量维度和顾客感知的服务质量维度，再次表示了一致的认同。

（2）专家 B、E、J 认为，现阶段围绕物流服务质量评价的研究，比较集中于从服务顾客的角度来讨论，但对于冷链物流服务质量的研究，需要考虑其物流服务的特殊性。冷链物流过程对于顾客视角其透明度较低，顾客视角确定的指标容易忽视其冷链过程的因素，然而，冷链物流过程的质量同样是冷链物流服务质量的重要保障。

（3）专家 A 和 F 认为，本书中将生鲜食品质量特征作为关键指标维度之一是十分必要的，生鲜食品具有保质期短、易受损、易腐烂等特征，食品质量的保证是服务质量成败的关键，因此评价指标维度的选择，不应该仅局限在单一的角度，而应考虑到生鲜食品的特殊性以及冷链物流过程质量的重要性，从多视角来考虑生鲜食品冷链物流服务质量评价指标体系的构建。

（4）专家 F 和 G 认为，"品质检测"指标的提出是考虑到实际评价过程或者运作过程的可操作性，本书适用的六大类生鲜食品，食品的腐败变质原因较多，有物理因素、化学因素和生物性因素，其在货架期的检测指标上均有所不同，统一从品质检测端口进行归纳，实际评价过程和管理过程再根据具体的食品特点，从物理、化学、微生物等指标情况进行判断。

（5）专家 D 举例，生鲜肉的品质检测，重点集中在微生物、化学、农残以及添加物这几个方面，其中挥发性盐基氮既是国标中规定的重要的评价生鲜肉品质的化学指标，也是影响生鲜肉 pH 值变化的最主要因素，pH 值高会使生鲜肉易腐败。

（6）专家 E 对当时新冠病毒感染疫情下的生鲜食品检验也提出了建议，专家 E 提出，新冠病毒感染疫情之下，食品安全成为大众十分关注的问题，尤其进口冷链食品被认为是可能的病毒传播渠道之一。《进口冷链食品预防性全面消毒工作方案》要求，根据进口冷链食品的物流特点，必须对进口食品进行新冠病毒检测采样工作，同时分别在口岸查验、交通运输、掏箱入库、批发零售等环节，在进口冷链食品首次与境内人员接触前实施预防性全面消毒处理，最大限度降低新冠病毒通过进口冷链食品输入的风险。

（7）专家 B、E、J 强调了数字化对于提高冷链物流企业的管理水平和服务品质的重要性。物流数字化是指采用数据库、信息网络以及电子和计算机技术，对经过物流过程以及在物流过程中产生和使用的各种信息进行收集、分类、传递、汇总、识别、跟踪、查询等处理，以达到加快物流速度、降低物流成本、增强物流系统透明度的作用的过程。

（8）专家 B 认为，数字化是大势所趋。具体到果蔬冷链，数字化最直接的体现便是信息技术的推广和应用。从整个行业来看，目前果蔬冷链物流主要涉及产品电子代码技术（EPC）、射频识别技术（RFID）、二维码技术（可进行商品追踪）、全球定位系统技术（GPS）等。目前 EPC、RFID、GPS、农残检测相对成熟并广泛应用，只是二维码技术的商品可溯性追踪还有待进一步扩大应用范围。

（9）专家 B、E 举例，中外运物流发展有限公司一直积极采用互联网和大数据技术改造传统经营，打造全程冷链。九曳供应链拥有先进的订单系统、采购系统、配送系统。所有进入九曳供应链体系的商品，在信息系统里有唯一的编码，供应商送货到物流配送中心的果蔬商品通过质量检核、农残检验后，再依据 RFID 技术、GPS 识别技术追踪商品物流信息。

（10）专家 C、J 认为，新冠病毒感染疫情使得各地政府意识到数字化的重要性。采用数字化平台和系统将不是头部企业的发展要求，而是所有冷链物流企业的底线要求。显然，打造智慧冷链物流供应链、提升管理效率已经成为未来冷链物流产业的发展趋势。

第二，对于运用解释结构模型法所确定的生鲜食品冷链物流服务质量评价指标间关联性与结构模型结果的看法与建议有哪些？

（1）专家组对本阶段采用的研究方法表示一致的认同。

（2）专家 H、I 认为，将解释结构模型法运用于对生鲜食品冷链物流服务质量评价指标体系的研究工作中，有利于清晰地分析出评价指标体系中评价指标的层级结构与网络结构，层级结构图将体系评价指标的因果层次及阶梯结构一目了然地展示出来，相较于文字、表格、数学公式等方式具有很强的直观性，能够更好地揭示出事物的本质。其研究结果可作为下一步网络分析法研究指标权重的重要依据。

（3）专家 J 认为，可达矩阵的结果可以解释不同评价维度中的评价指标之间存在直接或者间接的影响关系，同一评价维度之间内部也存在相互的影响关系。

（4）专家 F 认为，如生鲜食品质量维度中的感官指标、品质检测与食品包装质量水平，均对顾客感知的服务质量中货品准确率以及误差处理能力有直接影响，因为在生鲜食品物流的收货环节，以上三个因素均是客户收验货的基本参考指标，也是判断生鲜食品质量是否达标的重要指标，任何一个因素未达到客户的收货标准，客户都可以拒收或者退换货，从而影响货品准确率以及误差处理能力。

（5）专家 B、C、E 认为，冷链物流过程中的温湿度控制水平会直接影响到生鲜食品质量程度，这通过感官质量评价和品质检测结果可以直接说明，进而间接对顾客感知的服务质量结果产生影响；同时温湿度控制能力也能直接影响顾客感知的服务质量维度中的服务柔性能力；另外温湿度控制能力直接受到内部维度中作业时间管理能力、操作的规范性和设施设备因素的制约，同时也受到顾客感知的服务质量维度中服务人员沟通质量水平、产品信息质量和数字化水平的影响。

（6）专家 A、D、G 认为，从评价维度看，冷链过程质量直接影响生鲜食品质量，生鲜食品质量的表现又会直接影响顾客感知的物流服务质量结果。因为各维度中的部分指标存在影响关系，如温湿度控制能力影响服务柔性能力，产品信息质量影响温湿度控制和操作规范性，所以可见冷链过程质量维度与顾客感知的服务质量维度也存在相互影响的关系。从各自维度内部评价指标来看，生鲜食品质量中，食品包装质量水平会直接影响品质检测和感官质量的结果；冷链过程质量中，操作规范性与设施设备因素相互作用；顾客感知的服务质量中，服务人员的沟通质量水平会直接影响订货过程、误差处理等。

（7）专家 H 认为，解释结构模型法的结果，不仅能够确定生鲜食品冷链物流服务质量评价指标体系的指标关联性结构，为体系评价指标的权重分析提供依据，而且能为生鲜食品冷链物流企业在对物流服务质量的管理中提供重要的指导。

（8）专家 I 认为，物流服务质量是一个系统质量，它应该由组成该系统的各个要素的质量来体现，物流服务质量既包括物流对象质量，也包括物流技术质量和物流工作质量。

（9）专家 B、J 认为，物流技术质量可以被认为是物流体系各环节中，为保证物流对象商品质量的完好以及物流信息的准确收集、畅通交流而应用的各项技术质量或者要素质量。在本书中可以看出，位于层级结构图底层的有四项评价指标，即操作规范性、设施设备因素、数字化水平和产品信息质量，这四项评价指标均属于物流技术要素。从 ISM 的原理解释，位于层级结构图底层的这 4 项指标因素也是影响生鲜食品冷链物流服务质量的根本原因。底层评价指标对部分中层指标有直接影响，又通过中层评价指标间接影响表层评价指标，进而影响服务质量评价的优劣结果。因此冷链物流企业管理者在物流体系设计和运营时需要重视物流技术要素的质量和管理，物流技术质量是物流服务质量的基础。

（10）专家 A 认为，物流工作质量是指物流各环节、各岗位的具体的工作质量，在本书中，位于层级结构图中层的 5 项评价指标，即作业时间管理、服务人员沟通质量、温湿度控制、误差处理和过程质量均可纳为物流工作质量要素，这些工作质量要素对表层指标项有直接的影响，与生鲜食品冷链物流服务质量评价的结果间接相关。因此，物流企业管理者应该重点抓好工作质量，物流工作质量是物流服务质量的保证。

第三，对于运用网络分析法所获得的生鲜食品冷链物流服务质量评价指标的权重结果的看法与建议有哪些？

（1）专家组对本阶段采用的研究方法表示一致的认同。

（2）专家 I 认为，本书研究中运用网络分析法（ANP）来求得由多维度构成的各项指标的重要程度是非常恰当的，这也是本书生鲜食品冷链物流服务质量评价指标体系构建工作中的重要环节。

（3）专家 H 认为，ANP 是一种非线性结构，采用的是网络的思想，并不要求严格的层次关系，相同层次之间也存在着相互作用。ANP 方法的一大优势是，当数据的获取具有局限性或数据难以度量时，可以依据相关人员的判断进行赋值，因为对于某一系统中相关因素的重要性人们通常会有一种定性的认识。

（4）专家 J 认为，生鲜食品冷链物流服务质量评价指标体系的构建研究中，评价维度和评价指标的权重结果可以直观地反应哪几个维度或者哪几项指标在质量评价指标体系中是最为重要的。物流服务质量的评价是物流服务质量管理活动中的关键环节，评价结果的优劣可以反映企业物流服务质量管理的水平。

（5）专家 A 认为，ANP 法的结果呈现了各评价维度对于生鲜食品冷链物流服务质量评价的重要性排序为：顾客感知的服务质量、生鲜食品质量、冷链过程质量。可见，顾客感知的服务质量在生鲜食品冷链物流服务质量评价指标体系中是最重要的评价维度。对于物流服务质量，重要的是客户如何理解，而不是企业对质量如何诠释。企业在制定质量改进计划时，应该首先从客户的角度出发。物流服务质量管理的目的是提高服务质量，服务质量评价结果的解释权应该在顾客本身。

（6）专家 B 认为，在物流服务质量评价指标体系的设计中，应该明确物流服务质量的评价主体不是提供物流服务的企业本身，而是接受物流服务的客户。

（7）专家 D 认为，生鲜食品质量和冷链过程质量两个评价维度在生鲜食品冷链物流服务质量评价指标体系中也占有一定程度的权重。

（8）专家 C 认为，物流服务质量是指物流企业向其客户所提供的物流相关服务过程中，能够有效满足客户对物流服务的明显和隐含的需求的程度。在生鲜食品冷链物流服务中，生鲜食品的质量属于顾客的显性需求，而冷链过程质量相对于顾客感知的服务质量来说属于隐形要素，在以往关于生鲜食品冷链物流服务质量评价指标体系中，往往被忽略。但是从本书 ISM 法的研究结果上看，冷链过程质量是影响生鲜食品冷链物流服务质量的根本原因，其直接影响生鲜食品在物流过程中的质量水平，进而影响服务质量整体评价的结果。

（9）专家 C 认为，冷链物流企业应该通过提高冷链过程运作管理能力，来确保生鲜食品质量达到安全标准并提高服务质量。企业冷链过程质量决定了顾客感知的服务质量的好坏，而顾客感知的服务质量是企业冷链物流过程管理质量的最终反映。因此，生鲜食品质量和企业冷链过程运作能力在对生鲜食品冷链物流服务质量评价指标体系中具有一定的地位。

（10）专家 H 认为，在物流服务质量研究中，最具有代表性的研究成果是 Perreault 和 Russ（1974）提出的 7Rs 理论，即物流服务是指企业能在恰当的时间（right time）和正确的场合（right place），以合适的价格（right price）和方式（right channel or way），为客户（right customer）提供适合的产品和服务（right product），使客户的个性化需求（right want or wish）得到满足，价值得到提高的活动过程。这也充分体现了物流服务管理的目标。

（11）专家 D 认为，货品准确率体现的是 7Rs 理论中的"right product"，具体是指物流所交付给顾客的生鲜食品在名称、规格、数量等商品基本信息和到货数量是正确的（right），是符合顾客要求的。发生商品信息有误的食品、不合格的食品或者不正确的数量等情况是极少出现的。

（12）专家 F 认为，货品准确率能直接决定物流服务结果，如果货品准确率无法达到客户的要求，将会对下游客户的生产运营或者销售服务产生负面的影响，甚至带来严重的经济损失。因此，生鲜食品货品准确率是评价冷链物流服务质量结果最重要和最关键的指标。

（13）专家 C 认为，服务时效性体现的是 7Rs 理论中的"right time"，指物流服务承诺交付的时间是正确的（right），是符合顾客要求的。具体是指顾客发出订单与接收交付之间的时间间隔是短的，或者顾客发出重置订单的时间是短的。

（14）专家 G 认为，服务时效性同样也能直接决定物流服务结果，如果货品物流交付时间无法达到客户的要求，将会对下游客户的生产运营或者销售服务同样会产生负面的影响，甚至带来严重的经济损失。因此，生鲜食品冷链物流服务时效性是评价冷链物流服务质量重要也是关键的指标。

（15）专家 E 认为，服务人员沟通质量和订货过程指标，两项指标的权重结果比较接近，仅次于服务时效性指标，在生鲜食品冷链物流服务质量评价指标体系中属于重要的评价指标。

（16）专家 C 认为，服务人员沟通和顾客订货过程在运作流程中有一定的关联性，服务人员的沟通质量会影响顾客订货过程的质量，两者可以体现为 7Rs 理论中的"right channel or way"。服务人员沟通质量是指与顾客接触的物流员工的直接服务是"right"，包括员工的知识水平、服务态度、对顾客的关心，主动帮助顾客解决问题等。订货过程是指物流企业提供的订货流程是"right"，具体表现为订购过程是高效的，订购的程序及手续是简易的。

（17）专家 I 认为，在冷链物流订货过程和交付过程中，物流服务人员需要与顾客及时有效地沟通，其服务态度、语言等可直接影响客户的服务感受。物流服务人员如能够以顾客为中心，充分理解顾客的需求，提供礼貌、尊敬、热情、周到的服务，必将提高客户的满意度，同时也可减少客户抱怨的机会。

（18）专家 A 认为，产品信息质量，仅次于订货过程指标，在生鲜食品冷链物流服务质量评价指标体系中属于比较重要的评价指标。产品信息质量是指客户对物流服务中提供的产品信息的看法，具体为生鲜食品信息是可利用的和足够多的，同时生鲜食品的相关信息是符合法律规定的，客户可以根据所获得的信息做出决策。

（19）专家 J 认为，从 ISM 的分析结果中可以看出，产品信息质量指标位于层级结构的底层，说明该指标属于影响生鲜食品冷链物流服务质量的根本因素之一。

（20）专家 B 认为，服务柔性、误差处理指标，在生鲜食品冷链物流服务质量评价指标体系中属于一般重要的评价指标。两者可以体现的是 7Rs 理论中的"right want or wish"。服务柔性是指冷链物流企业对顾客的个性化需求的满足程度，具体为冷链物流企业能满足客户对冷链物流服务的个性化需求，如仓储温度可根据客户要求适度调节，能够满足顾客订单中的需求量，配送运输线路可根据客户要求调整等。

（21）专家 H 认为，从 ISM 分析中，服务柔性位于指标层级结构的表层，对服务质量评价的结果可以产生直接的影响，但是需要注意的是，服务柔性指标的实现需要多种要素的驱动和保障。误差处理用于测度物流企业员工在处理订单过程中出现错误后的处理质量。在货物订单、运输和投递过程中难免会出现差错，如顾客收到错误的货物、货物质量存在问题等。物流企业员工在解决货物差错问题、提交货物差错流程以及回应货物差错问题等方面的服务质量影响了顾客对物流服务质量的评价。

（22）专家 A 和 H 认为，数字化指标在物流服务质量评价的研究中容易被忽略，通过本书的专家意见询问，专家一致认为，可将"数字化水平"在本书的研究指标体系中顾客感知的服务质量维度里体现。物流数字化是指采用数据库、信息网络以及电子和计算机技术，对经过物流过程以及在物流过程中产生和使用的各种信息进行收集、分类、传递、汇总、识别、跟踪、查询等处理，以达到加快物流速度、降低物流成本、增强物流系统透明度的作用的过程。具体包括冷链物流全过程温度的信息透明、冷链运输过程的实时监控、单据的电子化和信息共享与系统对接等。

（23）专家 I 认为，数字化对于提高冷链物流企业的管理水平和服务品质非常重要，从 ISM 分析可知，数字化位于层级结构的底层，说明该指标是影响生鲜食品冷链物流服务质量的根本因素之一。

（24）专家 E 认为，生鲜食品的品质检测在服务质量评价指标体系中的重要性程度不够明显，原因是该指标的评价工作发生在食品进入冷链物流系统之前和顾客交付之前，顾客感知的程度不高，但是它是生鲜食品质量评价的最重要的指标，具体包括微生物检测、食品所含农残量检测、食品所含防腐剂量检测、与食品鲜度相关的化学指标检测以及食品表面流行病毒检验等。

（25）专家 F 认为，生鲜食品不同于一般日用商品，其具有保质期短、易受损、易腐烂等特征。生鲜食品在流通过程中的品质变化与质量安全是衡量物流服务质量的关键因素，食品流通过程中微生物的污染、温湿度的变化、气体、振动等因素都可能是影响生鲜食品变质的原因，生鲜食品质量的变化仅靠客户的直观判断是有限的，必须借助相应的检测技术来实现准确的评价。

（26）专家 G 认为，生鲜食品的品质检测在冷链物流过程中每一次商品所有权或者管理权发生转移时都是有必要进行的，主要检测的环节是在生鲜食品进入冷链物流系统前和食品交付给客户前。

（27）专家 D 认为，生鲜食品的包装质量在物流服务质量评价指标体系中往往被忽视，但是它是生鲜食品质量评价的关键指标。生鲜食品包装是指采用适当的包装材料、容器和包装技术，把生鲜食品包裹起来，以便生鲜食品在冷链运输和储藏过程中保持其价值和原有的状态。包装质量的评价具体包括，包装材料符合食品安全标准，包装在物流过程中没有发生破损，包装密闭性检测和包装外观保持清洁等。

（28）专家 C 认为，生鲜食品包装的主要作用体现在对食品自身品质与安全的保护和冷链物流过程中的便利性。因此，包装是否科学、合理会直接影响生鲜食品的质量，以及其能否以最佳的状态交付给顾客。

（29）专家 J 认为，生鲜食品在交付客户之前处于各种微生物和化学反应中，随着时间的推移，或者物流过程中的不当处理，生鲜食品的质量会产生变化，这些变化顾客可以通过眼、鼻、手等器官感知到，具体可以分为气味判断、色泽判断和触感判断等。

（30）专家 F 认为，生鲜食品的感官质量能够非常直接地反应生鲜食品的品质，是生产加工企业、物流企业和消费者关注的重点，不同的生鲜食品可以参照相对应的评价标准，该指标的评价难度较小。

（31）专家 G 认为，对于生鲜食品的质量判断，仅靠感官质量的评价是不够的，因为生鲜食品品质的变化往往无法从直接的感官评价中准确得知，所以该项指标在生鲜食品质量维度中的重要性程度较低。

（32）专家 H 认为，冷链过程质量通过对生鲜食品质量的影响，而间接对顾客感知的服务质量产生作用，从而在生鲜食品冷链物流服务质量评价指标体系中起到基础和保障的作用，也可以说冷链过程质量是影响生鲜食品冷链物流服务质量的根本原因。各项评价指标对于客户的可接触程度偏低，因此可以理解冷链过程质量维度的各项指标的权重偏低的原因。

（33）专家 H 认为，冷链过程质量维度的内涵比较能够体现 7Rs 理论中的"right channel or way"，具体从温湿度控制、作业时间管理、操作规范性和设施设备因素四个方面来评价。

（34）专家 F 认为，温湿度控制水平是衡量冷链物流过程质量表现的最重要指标。

（35）专家 C 认为，温度是影响生鲜食品在流通中的稳定性最重要的因素。它不仅影响食品中发生的化学变化和酶促反应，以及由此引起的鲜活食品的呼吸作用和后熟、生长过程，生鲜食品的僵直过程和软化过程，而且影响着与食品质量关系密切的微生物的生长繁殖过程，影响着生鲜食品中水分的变化及其他物理变化过程。

（36）专家 C 认为，在新鲜果蔬保存、储藏过程中，温度是影响果蔬采后寿命的最重要因素。在一定温度范围内，随着温度升高，酶活性增强、呼吸强度增大，当温度超过 35℃时，呼吸作用中各种酶的活性受到抑制或破坏，呼吸强度反而下降。

（37）专家 C 认为，微生物生存的温度范围较广，生鲜食品在储藏、运输和销售过程中所处的环境温度范围一般正处在适宜嗜温性和嗜冷性细菌繁殖生长的温度范围之中，而且侵入食品的细菌的繁殖速度随温度的升高而加快，生鲜食品的腐败速度也会加快，因此，生鲜食品在流通中保持低温状态是食品保鲜、延长储藏时间最普遍采用的方法。冷链物流中的"冷"即强调低温状态的控制，低温在降低食品生物性和非生物性反应及抑制微生物的生长繁殖方面有显著的作用，但所有的食品都可以通过冷藏来保存、储藏且温度越低越好的概念是不完全正确的。温度控制不当，也会在一定程度上影响和破坏食品品质及其耐储性。

（38）专家 E 认为，环境相对湿度对生鲜食品质量变化速度的影响，是指它直接影响食品的水分含量和水分活度。水分在食品中具有重要的作用，它既是构成食品质量的要素，也是影响食品在流通中稳定性的重要因素。各种食品都有合理的含水量，过高或过低对食品的质量及其稳定性都是不利的，它不仅会影响食品营养成分、风味物质和外观形态的变化，而且会影响微生物的生长与繁殖。

（39）专家 A 认为，物流过程中温湿度的控制质量水平是冷链过程质量结果的主要表现，具体可以表现为生鲜产品入库前已完成产地预冷、验收作业月台的温湿度控制在规定范围内、仓储的温湿度符合货物的储存要求、分拣作业区温湿度控制在规定范围内、运输车辆车厢按要求预冷、运输过程中车厢温湿度始终在规定范围内、出库作业月台的温湿度控制在规定范围内等情况，该指标是由其他三项指标的完成质量所决定的。

（40）专家组建议，考虑生鲜食品冷链物流不同于传统物流的特点，应该重点强调"适合的温度"，即"right temperature"在冷链物流服务质量中的地位，因此在经典的 7Rs 理论的基础上可以将"right temperature"作为一个新的服务目标作为补充，以 7+1Rs 作为冷链物流服务质量管理的目标。

（41）专家 B 认为，冷链物流作业时间管理水平是衡量冷链物流过程质量表现的重要指标。专家强调，由于生鲜食品具有保质期短的特点，较一般商品而言，物流过程时间的因素对于生鲜食品质量的影响显得尤为重要。在一定环境条件下，食品的质量随着时间的延长而逐渐下降。

（42）专家 B 认为，具有呼吸跃变的果蔬在储藏中一旦出现呼吸高峰就会迅速衰老，脆硬度下降，风味变差；许多生鲜食品和加工食品由于微生物的繁殖和水分含量变化等原因，经过一段时间，质量就会发生明显的劣变，如出现异味，甚至会发霉、腐败。畜、禽肉在屠宰之后的一段时间内，有一个品质成熟过程，食品质量是逐渐提高的。但随着时间的延长，肉品就进入自溶软化阶段，品质逐渐下降。一些低度酒和某些具有后熟性能的果蔬，在生产或采摘之后的一段时间里，质量也是逐渐提高的，但经过这段时间后，质量就随时间的延长逐渐下降。

（43）专家 J 认为，作业时间管理水平也直接影响顾客感知的服务质量中服务时效性和服务柔性的实现，具体表现在物流运营的各个环节中的时间控制，包括入库作业时间在要求范围内、分拣作业时间在要求范围内、出库装车作业时间在要求范围内、车辆达到时间符合客户要求、运输路径与时间的最优等。

（44）专家 I 认为，在冷链过程质量维度中，操作规范性和设施设备因素会直接影响温湿度的控制能力和作业时间的管理控制能力。

（45）专家 B 认为，操作规范性指标更多强调的是物流人员的在各工作环节中的操作规范性，人力资本在物流服务企业中所占比重高，对人员素质的要求相对也高。服务人员对服务流程的熟悉程度和操作水平是形成高质量服务的基础，因此提高员工素质就成为服务业质量保证的一种手段。具体可以表现为分拣人员的操作符合规范、存储堆放方式符合货物的存放规范、装卸搬运过程中的规范性、运输过程中的行驶规范等，每一个评价点实际上都是对人员工作质量的考评，因此，人员是物流服务能力的主要载体，冷链物流过程中的高素质员工是提高企业服务质量的关键。

（46）专家 G 认为，冷链物流企业需要各种设施设备来支持企业提供物流服务，这些设施设备是否符合企业自身特点、使用效率如何都影响冷链物流过程质量。具体可以表现为仓储设施设备安全与卫生、库房区域内灭虫鼠害设施的检查、分拣设备的安全与卫生、运输车辆设施安全与卫生等评价要素。

（47）专家 H 认为，操作规范性和设施设备因素是实现冷链物流质量的基础和保障。